The Guide of
Industrialization and Democratization

工业化和民主化的带路人

刘宗绪　著

中国社会科学出版社

图书在版编目(CIP)数据

工业化和民主化的带路人/刘宗绪著．—北京：中国社会科学出版社，
2015.4

ISBN 978－7－5161－5915－6

Ⅰ.①工… Ⅱ.①刘… Ⅲ.①产业革命—研究—英国②法国大革命—研究 Ⅳ.①F456.19②K565.41

中国版本图书馆 CIP 数据核字(2015)第 065187 号

出 版 人	赵剑英	
选题策划	郭沂纹	
责任编辑	郭沂纹	安 芳
责任校对	芦 苇	
责任印制	李寡寡	

出　　版	中国社会科学出版社	
社　　址	北京鼓楼西大街甲 158 号（邮编 100720）	
网　　址	http://www.csspw.cn	
	中文域名：中国社科网　　010－64070619	
发 行 部	010－84083685	
门 市 部	010－84029450	
经　　销	新华书店及其他书店	

印刷装订	三河市君旺印务有限公司
版　　次	2015 年 4 月第 1 版
印　　次	2015 年 4 月第 1 次印刷

开　　本	650×960　1/16
印　　张	7
插　　页	2
字　　数	80 千字
定　　价	28.00 元

凡购买中国社会科学出版社图书，如有质量问题请与本社联系调换
电话:010－84083683

目　　录

写在前面的话

　　人们都在谈论现代化，这已成为当今一个世界性的热门话题。议论的人多了，各种说法也就多了起来，意见并不全都一致。但是，在一些基本点上，大多数人的观点是一致的。大家都认为，现代化应包括工业化、科技化、城市化、环保化、民主化、智能化，等等。从现代化的含义来看，它在古代是不可能被启动的。那时人类还完全处在自然经济状态之下，只可能存在古代社会和农业文明。只有在商品经济、市场经济状态下，才可能产生近代社会和工业文明。自然经济又称为自给自足经济。这里所说的"足"并不是富足，而是说它能够用手工劳动的"土"办法来解决衣食住行之所需，基本上不需要进行商品交换。它的生产目的是满足自我消费，因而带有闭塞性的特点，所以缺乏活力，发展十分缓慢。这当然谈不上什么现代化。

　　商品经济则相反，它为出售而生产，因而面向市场，包括国际市场。既然面向市场，就必定要面对激烈的竞争，因此就必须不断提高商品的产量和质量，还需要准确地观测市场的走向，根据需要开发新产品，否则就会在竞争中亏本甚至破产。所以商品经济是外向型的，受市场调节规律的支配，在竞争中发展与进步，充满了活力。它远比自然经济先进和优越。正是这种先进性和优越性使工业得到迅速发展，而且从手工工场阶段演进到使用机器生产的大工业阶段，即发生了工业革命。

在竞争的环境中，起决定作用的是市场调节规律。一个血统"高贵"、出身名门望族的人，如果对市场走向作出了错误的判断，照样会亏本甚至破产，上帝并不会去眷顾这位贵人；而出身"低贱"的人如果对市场观测准确，却可以赚到钱，甚至发财致富。由此可见，在竞争中的成败，只能依靠人的才干。于是，当商品经济时代来临时，人的智慧、人的判断被提到了首位。这就使人们逐步意识到，人本应是生而自由和平等的，这是天赋的权利。那种封建主义的王权、神权和特权，以及人为划定的等级制度，是违背自然权利的，是一种人压迫人的制度。历史上文艺复兴运动倡导的人文主义学说，启蒙运动中宣传的人权理论，就是在这种背景下出现的，是一种时代的呼唤。人们一旦具有了这种精神上的觉醒，就会起来进行反封建斗争，于是就产生了改革和革命。

工业革命促使工业化、科技化、城市化的进程大大加快，而改革与革命则推动了民主化和法制化的加速进行。不难看出，在人类文明演进过程中，现代化的启动和近代时期的到来，是同步的。

与古代社会相比，近代社会是全新型的社会，它的创新性远远大于对古代社会的继承性。近代与古代的差异是全方位的，表现在许多方面。但是，最主要、最有决定性的差异有三点：第一，商品经济取代自然经济；第二，以法律为标志的国家权力取代以君主及其家族为代表的贵族特权；第三，自主命运的公民取代受制于人的臣民。

第一点说的是经济基础，是一切变化的总根源。商品经济的先进性与优越性前面已做了说明。

第二点说的是政治上层建筑，简略说来就是以法治国家代替人治国家。商品经济的运行主要通过合同、契约等形式，所以合同必须具有法律效率，违反合同要承担法律责任。因此它呼唤法制，要成为法制经济。同时，人的自由权利也需要法律上的保障。在古代，虽然也有许多法律和法令，甚至还有"王子犯法与庶民同罪"的说法，但那时是法自君出，而且法律本身就是维护特权的，实际上还是人治社会。近代社会的立法权属于民选的议会，即使保留了君主，君主也没有立法权，他必须依法而治，按法律规定办事。政府也要依法行事，一般要对议会负责，这叫作责任内阁制。司法权是独立的，不受来自任何方面的干预。这种立法、行政、司法分权的制度，叫三权分立，可以互相制约，有利于防止专制独裁现象，也可以在相当程度上反映民意。总体说来，这种国家政治体制是近代政治上层建筑的最基本的特点，可以系统地称为议会民主制。尽管不同国家对各类机构的称呼并不一样，但无非是议会、政府、法院这些体现三权分立的部门。它们代表的是国家的权力、民族的权力，而不是君主与王室的权力。而封建时代，整个国家都是君主与王室家庭的私产，例如中国汉代刘家拥有天下，唐代李家拥有天下，宋代赵家拥有天下，全国都是皇帝的江山。所以，近代国家才是民族的、公民的国家，这是一种本质上的变化，也是人类文明的巨大进步。

第三点说的是人本身的变化。人是历史的主体，然而古代时普通的群众却受到种种的压抑。奴隶和农奴就不必说了，即使是自由人，也缺少独立自主的意识。在中世纪的欧洲，由于长期处在诸侯混战的状态下，人们过着动荡不宁的生活，只有基督教才是民众的慰藉、希望与寄托。因此，当人们给自己定位时，他们首先认为自己是上帝的仆人，其次是某地甚至某村之人，而国家与民族的观念几乎是没有的。15、16世纪民族统一国家逐步形成，中央集权的绝对君主制建立起来，人们才明确产生了国家观念，但是又成为君主的臣民，将忠君与爱国混为一体。那时还盛行等级制度，僧俗两界的贵族是特权等级，其余均属平民等级。平民等级是被统治者，受到剥削与欺压。到了近代，人身自由和政治平等才被提上历史日程，一切人都是公民，有着公民的权利与义务，从理论上和制度上明确了在法律面前人人平等的原则，公民有发表政见的自由，有选举国家执政者的权利。这就是说，公民有了自主意志和自主命运的权利。这是一种人的解放，也是人的精神觉醒。在任何时期和任何情况下，人的因素都是占第一位的。一旦人的能动作用发挥出来，文明的进步与社会的发展必将更加快捷与迅猛。

上面这三点是最基本的，其他的变化都可以从中找到根源，或者是它们的派生物。这一切正是近代社会远比古代社会优越之处，也是现代化进程得以启动的条件。

在近代历史和现代化的发展过程中，19世纪是非常重要的阶段，既展现了近代社会的各种特征，又将人类推进到了电气时代。正是在这个时期，世界开始连成一气，形成了资本主义的世界体系。同时，工业革命快速发展，先是进入蒸汽时代，后又跨入电气时代，现代化进程取得一系列突破性成果。在19世纪末，几个先进工业大国在经济上和政治上都形成了一种现代模式，从而结束了近代时期，开始了现代史的发展阶段。

19世纪的历史一直存在着两个大的发展趋势，那就是经济上的工业化和政治上的民主化。在这两大趋势推动下，出现了三股世界性的历史潮流。其一是自由主义潮流，表现为资产阶级性质的改革与革命；其二是社会主义潮流，表现为工人运动与社会主义运动；其三是民族主义潮流，表现为民族振兴和民族解放运动。这三股潮流基本上涵盖了当时全世界历史的主要内容。这一切都源于两大趋势的推动，也是两大趋势的体现，而且还是现代化的具体表现。这两大发展趋势的领头羊和带路人就是英国工业革命和法国大革命。这就是本书所要讲的主题。

一

19 世纪的历史地位

发生在 18 世纪后半期的英国工业革命，是人类文明发展史上的第一次科技革命。到 19 世纪前期，法国、德国、美国、比利时等国家也都发生了工业革命。这些国家的工业革命主要是依靠从英国引进机器而进行的。所以，从宏观角度来看，工业革命是 19 世纪前期才推广和发展起来的。很明显，英国工业革命起了带头作用，是领头羊。

工业革命的第一个重要后果是生产力的大发展。机器生产代替手工劳动，使生产效率极大提高，过去需要很多人用很长时间才能创造出来的产值，这时只需要很少人用很短时间就创造出来了。于是，工业产值迅速超过农业，产业结构发生重大变化；新兴的工业城市发展起来，经济中心从农村转移到城市；开办工厂的工业资产阶级壮大起来，很快成为社会上最富有也最有开创力的群体；开拓世界市场的活动大为加强，有内在联系的世界市场和世界体系初步形成，如此等等。

1

在这种情况下，世界上的力量对比发生了变化，资本主义势力快速超过资本主义以前的、原来占优势的势力，形成一股强大的冲击力量，也是一股历史潮流，那就是资产阶级性质的改革与革命。这是 19 世纪的历史主潮流，改变着整个世界的面貌。人们可以从中看到，英国进行了一系列改革，诸如国会选举制度改革、推行自由贸易的改革、教育改革、文官制度改革、社会保障改革，等等。此外，法国推行了适应工业革命发展的经济改革；俄国废除了农奴制；意大利、德国都完成了国家统一；美国发生内战，废除了奴隶制；日本进行了明治维新；奥地利用改革方式成立了二元制的奥匈帝国。这些民族民主运动，使俄、德、意、日、奥匈等国过渡到资本主义时代，使英、法、美等国实行了内部调节，更加适应工业资本主义的发展。与此同时，随着殖民扩张和开拓海外市场活动的加强，一个资本主义的世界体系初步形成了。

这一切，为生产力的进一步发展开辟了更通畅的道路。大约在 19 世纪 70 年代，又开始了第二次工业革命，人类从蒸汽时代跨进电气时代。这是历史上的第二次科技革命。在这次科技革命中，出现了许多完全新兴的工业部门，包括电力工业、电器工业、汽车制造业、飞机制造业、使用冷冻技术的食品工业、使用人工合成原料的建材行业和纺织业（人造丝、人造棉等），等等。同时，经过重大技术改造的旧有行业，得到了惊人的新发展，如钢铁工业、化学工业、石油工业、军火工业，等等。

这种生产力的迅猛发展，比第一次工业革命时更具有坚实的基础，那就是科学技术。第一次工业革命时，发明者多数是工人、技师，在相当程度上是依靠生产经验的积累而进行发明创造的。第二次工业革命则是在 19 世纪自然科学所取得的一系列突破性成果的基础上，将其运用于生产，并发明了发电机、内燃机以及新的制造酸、碱等基本化工原料的技术，因而有着更扎实科学的基础。此外，第一次工业革命从棉纺织业开始，后来扩展到机器制造、铁路运输、采煤等行业，而第二次工业革命则创造出一个新的工业群，主要是重工业和基础工业，前面说到的电力、电器、石油、汽车、化工等行业都属于这一类。这对于改革经济结构，改造工业和农业，起了巨大的作用，促进了工业化进程。同时，随着生产力的大发展，生产关系也相应地发生了变化，最突出的表现就是形成了垄断组织。垄断组织实际上是一种超大型企业或企业群，是为了适应生产与销售的需要而建立起来的。这样，终于在 19 世纪与 20 世纪之交，在西方大国形成了一种现代意义的经济模式，其主要特征是以科技为先导，以提高生产效率为主要竞争手段，以垄断为生产组织形式。这种模式的基本特点至今没有根本的变化，只是更发展、更健全了。

由此可以看出，工业化确实是 19 世纪历史发展的大趋势之一，而且取得了重大成果。

在这个基础上，政治民主化的进程也得到进一步发展。继 19 世纪中期各国民族民主运动取得重大成果之后，英国的改革深化了，进行了普及初等义务教育和改进高等教育的改革；推行了第三次国会选举制度改革，使一大批农村居民也得到选举权；实行了一些改善工人状况的改革，例如罢工合法化、限制雇佣女工童工、限制劳动时间、改善工人住房条件，等等。法国则击败了王政派、教权派等保守势力，最终确立了民主共和制度，并于 1896 年摆脱自普法战争后出现的大萧条，进入经济繁荣时期，开始了延续到第一次世界大战前夕的"美好年代"。在"美好年代"中，确立了民主化的政党政治，并实行了政教分离政策。美国的两党制日趋健全，对缓解国内的各种重大社会矛盾起了十分重要的制衡作用，对更广泛地发扬普通公民的参与活动和有利于新闻监督也起了明显的积极作用。于是，以这三个国家为典型，形成了一种现代意义的政治模式，主要特征是：实行政党政治，公民参与，有较为健全的议会民主制度，定期选举，自由竞选，胜者执政。这一政治模式一直延续至今，没有发生根本的变化，只是更发展了。

当然，形成这种政治民主化模式的还只有少数国家，在资本主义大国中，德、俄、日等国还保留了专制主义的传统。那是由于历史的原因。这三个国家在向资本主义阶段转化时，国内并没有发生一场大规模的资产阶级革命，而基本上是靠改革而实现转化的。结果就保留了大量封建残余，尤其是在政治方面。不过，这也只是一种短期现象，不可能长久维持下去。后来，德日两国走上法西斯道路，俄国在十月革命后建立了社会主义制度。随着世界反法西斯战争的胜利，德日两国终于走上了政治民主化道路，尽管还有些军国主义余孽存在，但在政治上已不可能重建专制主义的体制。由此可知，政治民主化是不可逆转的历史大趋势，是 19 世纪首先在美、英、法等国体现出来的。

随着工业革命的发展，工业产品的数量激增，扩大出口已成为各主要资本主义国家十分关注的大事，在英国甚至成为发展经济的头等大事。因此，它们加紧殖民扩张，扩大海外市场，使资本主义世界体系在 19 世纪中期初步形成。同时，它们的殖民政策也逐渐从大肆掠夺转向以商品倾销为主，并注重从殖民地、半殖民地廉价收购工业原料。这样，这个资本主义世界体系除去有政治上的控制之外，还用一条经济纽带联结起来，使世界朝着整体化的方向演进。在这个过程中虽然伴随着奴役和压迫，但是体系的形成仍然是人类文明进步的巨大成果。它促进了各国各地区的文化交流和生产技术的交流。这也是今天经济全球化趋势的早期表现。实际上，资产阶级征服世界的过程，也是改造世界的过程。它侵略、掠夺、奴役殖民地人民，这是令人发指的罪行。但是它又破坏了落后国家和地区那种古老过时的经济结构和社会结构，传播近代生产方式和思想观念，按照马克思的说法，这是充当了"历史的不自觉的工具"。到 19 世纪末，资本主义世界体系完全形成，人类文明的发展更为加速。整体世界发展趋势的出现，是 19 世纪史上的又一个重大成就。

工业革命产生的一个重要社会后果，是形成了工业资产阶级和无产阶级这两大新的阶级。工业资产阶级比起手工工场时期的金融资产阶级和商业资产阶级，有着更明显的开拓与进取精神，特别是更注重生产设备的更新和产品的科技含量。它是资产阶级改革与革命运动的推动者和领导者。无产阶级也比手工工场工人更为先进。16—18 世纪的手工工场工人大多是来务工的农民，居住在乡下，保有一小块土地，并拥有劳动工具。恩格斯在《共产主义原理》一文中讲述过这种状况。而无产阶级则不同，他们居住在城市，没有土地和工具，完全靠出卖劳动力生活。集中劳动和操作机器的环境与条件，使他们具有了团结性与纪律性的特点。由于一无所有，又饱受饥寒压迫，因而有着更强的革命性。无产阶级从诞生起就开始了自己的斗争，从而开创出一段全新的历史潮流，即工人运动的潮流。法国里昂丝织工人起义、英国宪章运动、1848 年巴黎工人六月起义，直到 1871 年巴黎公社革命，都属于早期的工人运动。

那时，正处在第一次工业革命时期，资产阶级仍然采用传统的剥削手段，包括延长工时、增加劳动强度、压低工资、雇佣女工童工等等。工人的居住条件极为恶劣，大都聚居在简陋的工棚之中，没有卫生设备，环境非常脏乱，时常有传染病流行。在这种情况下，工人生活极端困苦，平均寿命不到 30 岁。在部分工人中还滋长了酗酒、赌博、打架斗殴甚至嫖娼等不良习气。此外，在当时各主要资本主义国家中，只有英国进行了一些适应工业革命发展的政治改革，其他国家大都沿用传统的统治方式，对各种群众反抗运动实行高压政策，严厉镇压。就连新兴的工业资产阶级都受到压制，工人阶级就更加没有任何政治权利了。这一切就使工人阶级胸中积满了极大的仇怨，一旦起来斗争，必然采用十分激烈的方式。所以，早期工人运动一般都是政治斗争和暴力斗争，而且基本上都是自发的，事先缺乏组织与准备，结果都失败了。

但是，无产阶级的革命性、团结性、纪律性等特点，在斗争中表现了出来。这给了年轻的天才思想家马克思、恩格斯以很大的启示。正是由于他们的努力，才使社会主义由空想发展为科学，科学社会主义诞生了。不久，社会主义运动兴起，并与工人运动结合在一起。

工业革命开展后，使用机器生产的大工业很快显示出优越性，在竞争中将许多手工工场和个体手工业者排挤出局，造成相当一批小资产者破产。虽然小资产阶级中的多数还没有破产，但是在大工业发展的压力下也感到岌岌可危。这就使不少人想从社会主义思潮中寻求解脱之路，探索改造社会的方案。于是，不同流派的社会主义流派纷纷产生和发展起来。法国的蒲鲁东、布朗基、路易—勃朗，德国的拉萨尔，俄国的巴枯宁等，都提出了自己整套的学说，各自成为一种流派。马克思、恩格斯创始的理论，在流派纷呈之中异军突起，放射出夺目的光彩，很快在先进的工人中和知识分子中流传开来。不过，在当时的工人运动中它还只是流派之一，还没有取得主导地位。然而，它是科学，是真理，有着强大的生命力，为越来越多的人所接受。1864 年成立的国际工人协会即第一国际，是历史上第一个真正国际性的工人组织。它在很大程度上就接受了科学社会主义理论，将其作为自己的指导思想。第一国际的纲领、章程和后来通过的许多重要决议，都是马克思起草的。

随着第二次工业革命和生产力的大发展，工人运动和社会主义运动的特点都发生了重要的变化。在进入电气时代的条件下，资产阶级越来越感到，赚取利润的最重要的手段是提高企业的科技能力和设备的先进程度。只有这样才能真正有效地加强竞争能力，占有更大市场。过去那种加紧压榨工人的做法，已不可能产生什么效用，而且还会激起工人罢工和反抗，反而会给自己造成更大损失。因此，他们更注重提高企业产品的科技含量，同时重视调动工人的劳动兴趣。为此，他们较大幅度地提高了工人的工资。从当时工业最发达的美、德、英、法四国的情况来看，美国工资水平最高，约为英国的 3 倍，而英国则是全欧洲工资水平最高的国家，德法两国工人工资最低。就以德法为例，19 世纪 90 年代德国工人的支出，按全国平均数据，房租与饭费共占 50%—55%，即除吃住两项基本开支之外，还有 45%—50% 的节余，与半个世纪前相比，已有极大的改善。与此同时，法国工人的工资比法兰西第二帝国时期（1852—1870）提高了将近 70%，而且工资提高的幅度超过了物价上涨的幅度。这表明，19 世纪末工人的生活状况明显改善了。此外，这时各大国的政府也进行了各类改革，如前文所述。当时工人运动竭力争取的政治权利，这时在改革中基本上实现了。美、法、德等国实行了普选权制度，英国在三次国会选举制度改革之后，也已接近了普选制。同时，工人还享有了集会结社的权利，可以合法地建立政党和工会，并出版报刊。

在第二次工业革命中出现的上述新情况，使工人运动有了新的发展和变化。首先，在工业大发展中工人阶级的队伍壮大了，例如德国工人人数就增加了近一倍。其次，原来斗争的自发性已大为减少，工人的组织程度和觉悟程度都有了很大提高。到 1889 年已有 14 个国家的工人阶级建立了自己的政党，还有数量更多的工会组织。越来越多的工人接受了社会主义学说，罢工运动也多半是由政党或工会领导的。再次，以往那种屡遭失败的暴力行动几乎不见了，而是转变为利用合法权利进行斗争，包括参加竞选斗争、利用议会讲台、进行罢工，等等。总之，工人们更加懂得斗争艺术，斗争的成功率也大为提高了。最后，政治性斗争有所减少，绝大多数的罢工都是经济罢工，例如要求 8 小时工作制、实行劳动保护、提高工资、限制使用女工、童工等。

在社会主义运动中，信奉资本主义制度崩溃论和无产阶级暴力革命论的人有所减少，一股新的思潮在兴起，那就是渐进与"和平长入"的社会主义思潮。当时，各主要资本主义国家工业发展、经济繁荣、政局稳定，实际已不存在无产阶级进行武装起义的客观条件。工人阶级生活状况又有较大幅度的改善，也不会有很多人甘于冒风险去进行武装起义。1895年，恩格斯在生前最后一篇文章中就指出，半个世纪前宣称资本主义即将灭亡的结论是"不对的"，资本主义还有很大的"扩展能力"，"历史用经济革命说明了这一点"。这个新的结论既体现了实事求是的精神，又完全符合马克思主义的基本原理。马克思在阐述历史唯物主义的原理时曾明确指出，在一种社会制度所容纳的生产力还没有完全发挥出来之前，这个制度是不会灭亡的。恩格斯在这篇文章中还指出，根据资本主义已得到新发展的情况，此时的无产阶级已不宜进行城市武装起义，否则难免失败。他还教育各国工人应利用已有的政治权利，积极参加议会选举斗争。恩格斯这篇文章是为马克思的《法兰西阶级斗争》一书新版所写的导言，载于《马克思恩格斯全集》第22卷。社会主义运动中的新思潮就是在这种背景下出现的。

最初，这种新思潮的代表是英国的费边主义。19世纪80年代英国大文豪萧伯纳夫妇创立了费边社，这是个知识分子的团体。他们揭露和批判资本主义制度的弊端，宣传社会主义，但是反对激烈斗争的方式，主张稳健渐进，逐步转化到社会主义社会。"费边社"这个名字就反映了他们的主张。费边是古代罗马一位将军的名字，他善于采用迂回稳重的战术，以此而著称。不久后成为新思潮代表人物的伯恩施坦，就是受费边主义影响而逐步形成自己学说的。在1889年成立的第二国际中，多数政党的领导人后来大都接受了这种新思潮。

这股新的思潮，表述了不少违背马克思主义的错误论点，但是也提出了一些后来被实践证明是正确的结论。然而当时的很多马克思主义者将他们看作机会主义者、修正主义者，痛加批判。其实，这股思潮不过是一些人在变化的新形势下探索社会主义发展道路而提出的观点，本是正常现象。国际社会主义运动是个广阔的天地，不同见解之间有分歧是难免的，应该在辩论中去求索真理才更有利。

在19世纪还有另一股历史潮流，那就是民族主义运动。在欧洲，民族运动大部分表现为争取民族独立、振兴民族精神等斗争。爱尔兰反抗英国殖民统治的斗争，波兰反抗沙皇俄国统治的民族起义，东南欧各国反抗土耳其、奥地利和俄国的革命运动，都属于争取民族独立的斗争。意大利统一也是民族运动，在争取国家统一、民族振兴的同时，还要驱逐奥地利、西班牙、法国等外国侵略势力。德意志统一也是一场民族振兴运动。将多民族的奥地利帝国排除出德意志，由普鲁士统一全国，体现了一种日耳曼民族复兴与振兴的精神，从而使国家的凝聚力大为加强。欧洲的民族运动基本上都属于资产阶级性质的运动，有明确的奋斗目标和纲领。

在欧洲以外，以亚洲民族运动最为突出。19世纪前期和中期出现过一次民族运动高潮，其中包括印度尼西亚的爪哇人民起义、阿富汗抗英斗争、伊朗巴布教徒起义、中国太平天国运动、印度民族大起义等。这些斗争沉重打击了外国侵略势力和本国封建统治，出现了许多可歌可泣的情景，涌现出不少英雄人物。但是，这些斗争仍然属于旧式的造反运动，是古代农民反抗运动的继续。这些运动的领导者提不出根本改造社会的纲领和方案，只是由于忍无可忍就揭竿而起进行反抗，运动所追求的目标还常常带有平均主义色彩，类似中国北宋年间农民起义提出的"等贵贱、均贫富"的主张；运动的领导者基本上都是农民领袖或王公贵族；运动还常常带有迷信色彩，像伊朗的巴布教、中国太平天国的拜上帝会等。造成这种现象的原因在于，那时这些国家还远没有启动现代化进程，民族资本主义还没有产生，所以就不可能提出有近代意义的主张。

第二次工业革命开始后，各工业大国在商品倾销的同时，大力加强了资本输出，在各殖民地半殖民地开办工厂、修筑铁路，大肆进行经济侵略。他们开办的这些设备先进的西方式企业挤垮了各国的传统手工业，但是也显示了它们在设备、生产、销售和管理等方面的先进性。于是就有一些本地人起而仿效，开始创办自己的企业，购买西方的机器进行生产。虽然这些企业在资金、设备等方面还无法与西方大企业抗衡，但是却开启了本国的现代化进程，民族资本主义产生了。

在这种情况下，许多人开始接触西方的思潮，特别是启蒙学说，逐渐形成了救亡图存和民族振兴的理论，从而使民族运动也发展到一个新的阶段。19世纪末亚洲出现了资产阶级性质的改革运动，例如印度国大党成立后所进行的斗争，中国的戊戌变法运动等。到20世纪初，改革运动进一步发展为革命斗争，列宁称之为"亚洲的觉醒"。此时发生了伊朗革命、土耳其革命、中国辛亥革命、印度国大党激进派领导的斗争等。这些都是现代化进程在政治上的重要表现。

19世纪历史的内容十分丰富，以上所述是它最主要的方面，包含了在经济上、政治上和世界格局上的重要变化。所有这些变化都存在着有机的联系，甚至是互为因果的，例如殖民扩张激起民族运动高涨。这些变化还都离不开它们所处的时代背景，那就是工业化与民主化的大趋势。而这两大趋势的开端则是英国工业革命和法国大革命。

二

工业化的启动

——英国工业革命

　　"我们的大工业城市，有着许多工厂发出的嗡嗡声音，并被烟雾熏得漆黑；可是过去的小城市，非常安静，工匠和商人在那里不慌不忙地劳动着。"这是研究工业革命的著名学者芒图在其专著《十八世纪产业革命》中写下的一段话。这段话对比了工业革命前后城市经济生活的不同与反差。

　　从这种不同与反差中可以看出，工业革命前的城市"非常安静"，人们的劳动也是"不慌不忙"的。而工业革命中兴起的大城市，嗡嗡声响而且被烟熏得发黑。也就是说，既有噪声污染又有空气污染。事实确是如此。然而，在使用机器的大工业刚刚建立之时，人们还不懂得保护环境的意义。机声隆隆，浓烟滚滚，都是不可避免的。人们注意并开始着手解决环境污染问题，但也只是个别国家的个别现象。工业革命初期人们还缺乏关于大气污染、噪声污染的知识。当时首先要解决的是用机器生产代替手工劳动，大大提高劳动生产率。最先迈出的这一步，意义之重大是当时的人们没有想到的。实际上这是人类从农业文明发展到工业文明的关键性的一步。

大家都知道，英国工业革命开始于棉纺织业。在英国，自14世纪起就享有"民族工业"称号的是羊毛纺织业，英文中今天被译为"棉花"、"棉布"的"cotton"一词，那时只是专指英格兰北部织造的一种粗毛织品，仍属呢绒类。直到17世纪初，这个词才定义为棉花或棉织品。当时还有人指责，有些织造商在毛织品中掺入了棉花，是不道德的。大约到17世纪40年代，棉纺织业才在英国有了发展，特别是在曼彻斯特。不过织造的质量不高，数量也很少。在伦敦等大城市出售的棉织品，很多都是从印度运来的。过了不久，人们就渐渐喜欢起棉织品来了。棉布做的衣服穿起来舒适，价格又比毛织品便宜，而且布上的印花还很美观，自然就受到了欢迎，包括上层人士在内。18世纪初，《评论周报》载文说："印花布得到了进级，那个时候，王后本人也喜欢穿着中国丝绸和日本花布的衣服出来见客。还不止此，在我们家的书斋里、卧室里都充满了这些织物：窗帘、垫子、椅子乃至床铺都是白布和印花布。"

棉布在市场上走俏，使商人们争相从印度大量购进棉织品，大发其财。在1700年之前这是不受限制的。同时，英国也有不少人仿造印度棉布，也是有利可图。棉布广为流行，对毛纺织业这个传统的民族工业造成了巨大的冲击，呢绒商们纷纷出来责难与抱怨。长期以来他们把持国家的出口大项，为英国赚得大量钱财，因而是享有特权的。于是，国会于1700年按照他们的愿望通过了法令，宣布禁止从印度、波斯、中国进口印花织物。这道禁令满足了呢绒商们的要求，但是也给那些仿造棉织品的商人提供了机遇。这就使英国本身的棉纺织业迅速发展起来。兰开夏很快成为棉纺织业的中心。

兰开夏邻近港口城市利物浦，能够直接从海外进口棉花而节省运费。同时，纺纱要求空气湿度较高，温差要小，兰开夏正好具备这些条件。更重要的是，当时英国已不仅仅从印度、中国购买棉花，拉丁美洲也已成为棉花的供应地，而且其产品几乎全用来出口。这使英国得到了充足的原料而且价格不高。然而当时英国棉纺织工所缺少印度、中国工人那样灵活的手指和熟练而高超的技巧。他们纺出的纱不是太粗就是很不结实，因而常常在织物中掺入麻，织成麻制品。但即使这样，也受到了顾客的欢迎，人们购买它们来代替由于禁令而无法得到的印度棉布。

于是，棉纺织业在英国发展起来。与毛纺织业相比，它更具有优势。除去价格便宜之外，它最大的优势就在于它是新兴的行业，没有行会的限制，不受陈规旧习的约束。而发达了几个世纪的呢绒业却积淀了许多传统的规矩，产品格式、品种乃至如何经销等，都有规定，捆住了自己的手脚。棉纺织业具有的这种自由，就使它率先建起了机械装置，成为工业革命的第一块阵地。

自 1733 年凯伊发明了飞梭之后，织布速度大为提高，将使用机器纺纱的问题提上了日程。常常是用五六架纺车还供不上一架织布机所需要的纱线，结果纱价上涨，企业主要雇佣更多纺织工，使产品成本提高。这样，各种纺纱机便陆续被发明出来。先是怀亚特与保尔合作，发明了纺纱机，而且还在 1740 年开了一个小工厂。最终因资金严重不足，难以经营，两年后破产，他们将该项发明卖给了一位杂志发行人凯夫。凯夫在北安普顿开了一座小工厂，后因管理不善，无力支撑，将工厂卖给了阿克莱特。接着，兼做织工和木匠的哈格里夫斯于 1765 年发明了多轴纺纱机，就是有名的珍妮纺纱机，在 1769 年取得专利证书。珍妮纺纱机的构造并不复杂，它标志着从体力劳动向机械化的一个过渡阶段。与此同时，从凯夫那里购买了工厂的阿克莱特，剽窃了木匠海斯的成果，制成了水力纺纱机，并取得了专利证书。1771 年，他与人合伙在德比开办了一座纺纱厂。这是在手工工场制度之上建立起来的使用机器生产的工厂，英国棉纺织业从此进入了机器大工厂时期。1775 年，阿克莱特又取得新的专利证书，其发明包括梳棉机、粗纺机、进料器，等等。工厂的机械化程度由此更加提高。

1779 年，青年工人克隆普敦将珍妮纺纱机和水力纺纱机的优点综合起来，发明了新一代的纺纱机——骡机，使纺纱效率和纱的质量明显提高，终于使纺纱与织布之间出现了大致的平衡。数年后卡特莱特发明的水力织布机又将织布效率提高几十倍，并于 1791 年建立了织布厂，打破了这个平衡。这样，我争你进，使棉纺织业的机械化水平越来越高，净棉、梳棉、漂白、印染等工序也都渐次采用了机器。到蒸汽机发明并运用于工业之上，英国工业革命便如虎添翼，真正腾飞起来。

这是人类历史上的第一次工业革命，它实际上分为两个阶段。在具有科学原理的蒸汽机发明之前，主要依靠人们实践经验的积累进行发明与创造的阶段。发明者多是工人、木匠等能工巧匠，较少依靠科学原理。而蒸汽机的发明所依据的是物理学原理，后来将其运用到生产上，解决动力问题，同样需要科学理论为指导。因此，它将工业革命带进了第二阶段，即科学技术的阶段。正是在这个阶段，工业革命由棉纺织业扩展到其他行业，工业上出现了更加全面的机械化进程。

一向以老大自居的毛纺织业在倨傲保守了一段时间之后，终于痛切感到，棉布的竞争力远胜于呢绒，无法再按老样子维持下去了。当极少数呢绒商开始采用机器时，大多数的老板们还不以为意，不愿去赶时髦。但是到 19 世纪初年他们就有些坐不住了。例如在丝绒工业中，梳羊毛工序是难度较大的，那些熟练的有着专门技能的梳毛工人，历来比其他毛纺织工人的工资高出很多，而且还常常罢工，迫使老板改善工人的待遇。这使企业主们头疼，也造成毛纺织工人中因待遇不同而闹矛盾、不团结。但是，梳毛机的发明解决了这个问题。根据伯恩利在《羊毛和羊毛的梳理》一书中的记载，发明水力织布机的卡特莱特曾就此说了一段很有说服力的话："十几个儿童和一个工头，用 3 架机器就能够在 12 个小时内梳理出一包 240 磅的山羊毛。因为用机器，不必使用油和火，这就能节省。仅仅是燃料上的节省，一般就足以偿付工头和十几个儿童的工资。制造商们所节省的，就等于原先按照有缺点的旧手梳方法完成这整套梳理工序的花费。"呢绒商们也逐渐看出，只有使用机器才能摆脱自己尴尬的境地，维护老传统是行不通了。于是，毛纺织业也走上了机械化之路。

工业革命也波及了冶金业和采矿业。实际上，机械化的开端虽然发生在棉纺织业之中，但是要普遍发展和取得最后胜利，还必须通过冶金企业的发展才能实现。冶金业中占有首要地位的是钢铁工业。工业革命在人们面前展现出一种现代文明的动人情景。各种类型的机器大量制造出来，到处竖立起高大建筑物的金属骨架，宽阔的江河之上架起了铁桥，铁路网延伸到全国各地，海上航行着能够居住很多人的巨轮……这是一幅大工业发展繁荣的景象，其基础则是钢铁工业。而钢铁工业只有在工业革命中才得到了真正的发展。

在1720年前后，全英国只有60个左右的钢铁高炉，年产量仅1.7万吨生铁，那是很可怜的。当时人们只知道，木炭是冶炼铁矿石的唯一燃料，所以远离森林的矿床都弃置不用，而靠近森林的冶金工业则把森林砍伐得所剩无几，而且不多久在附近建立的高炉又消失了。这就造成了一个似乎难以克服的矛盾，发展冶金业就会破坏森林。其实，早在中世纪就已有用煤冶炼的记载，18世纪初，玻璃制造、酿酒、制糖、做肥皂、漂染、烧砖、烧石灰、铸铁等行业都使用煤。但是，对于熔化矿石特别是铁矿石的行业来说，还存在一个大问题，即煤中多少都含有硫化物，燃烧时能使铁矿石变质，炼出不纯的生铁，容易破碎，不能用锤来加工。这就是人们只得大量使用木炭的原因。为了解决这个难题，大批人付出了心血，而住在科尔布鲁克戴尔的达比家族，在这方面取得了突破性成果。据这个家族的后人记载，其先人阿伯拉罕·达比一世在1709年就设想用煤炼铁，在几次失败后，终于想出了烘制焦煤用来冶炼的方法，获得了成功。这样，在科尔布鲁克戴尔，买煤并烘制焦炭用于冶炼，已成为惯常的事。但是要大家相信并推广到全国，还需经过许多周折。达比家族的后人继续努力，建立了炼铁厂，进一步改进焦炭，加用水力鼓风机，还在矿石中加入其他防止变质的物体，终于去掉了硫化物，炼出了高质量的生铁。此法逐渐推广。到 1784 年科尔特发明了搅拌炼铁法后，冶炼水平大为提高，炼出了熟铁和钢，使采矿业、冶金业快速发展起来。这两个行业也逐步实现了机械化，使用起汽锤、鼓风机、金属镟床，等等。

在冶金工业发展的基础上，铁的用途被大为推广。1767年，原来连接科尔布鲁克戴尔的铁矿与高炉间的木轨，被铁轨取代。1779 年，英国政府在寒文河上架起了第一座铁桥。1796 年、1797 年又有了第二座和第三座。1801 年为将伦敦旧桥加宽一倍，修起了一座跨度 700 英尺的单孔铁桥。1787年后在塞文河下水了第一艘铁船，与此同时，机器制造业与钢铁工业并行发展起来。原来的机器，除去几根发条之外，其他几乎都是木制的。而炼铁厂和翻砂厂所使用的滚轧机、镟床、水力锤等必须用坚硬的铁来制造。这些铁制机器的推动力和速度整齐划一。这样，金属机器便迅速代替了木制机器、能够使沉重的铁制机器转动起来的，则是蒸汽的力量。蒸汽机在冶金厂、纱厂、面粉厂和矿山中广泛运用起来。正是蒸汽机，完成了工业的集中，使各工业部门相互关系更为密切，使一切工业都朝着机械化的共同方面发展。因此，第一次工业革命时期，在人类文明演进史上，也可称作蒸汽时代。

三

工业革命与社会变革

　　工业革命推动生产力有了飞速的发展。以棉纺织业为例，英国的自然条件不适于种植棉花，棉纺织业所用的原料全靠进口。1701 年英国进口棉花总值不足 100 万磅，50 年后达到近 300 万磅，再过 50 年即 1800 年，竟然高达 5600 万磅。英国棉织品的出口也在迅速增加。1780 年的出口总值不足 36 万英磅，1792 年增至 200 万英磅，1802 年已超过 780 万英磅。这种发展速度确实是非常惊人的。这还没有把其他行业的发展统计进来，那也是令人目眩的。例如 1700—1840 年煤产量增长近 13 倍；1740—1850 年生铁产量增长 120 多倍，其中钢产量占了各资本主义国家总产量的 60% 以上。这种生产力的大发展成了英国从农业社会向工业社会转变的根本动力。

　　从 18 世纪后期开始，英国人口就大量流向新兴的工业城市，兰开夏人口中的 3/4 是 18 世纪后半期增加的。著名的新工业城市伯明翰、曼彻斯特、格拉斯哥、利物浦等，在 1800—1831 年人口增加了两倍多。英国社会在迅速走向城市化的道路。1851 年城市人口已占全国人口的 52%，超过了农村人口。在产值上，工业也明显超过了农业。1831 年，国家财政收入来自农业方面的为 795 万英镑，工业方面则为 1171 万英镑。

工业化、城市化成为一股巨大的潮流，猛烈地冲击着英国社会，使各种社会利益群体大分化、大改组，重新组合成一些社会利益集团。过去占人口多数的农民，其传统家庭都是生产型的。每天清晨，家长分配各家庭成员要做的活计。农业工人则按时到农场中去劳动。而在工业革命影响下，农村中不少年轻人到城市做工人去了，传统家庭发生了变化。青年人的价值取向和择业标准也在改变。外出谋生的人虽然会遇到许多坎坷，但在很大程度上可以自主命运，自由择偶，小家庭多了起来。

中等阶级包括小业主、小店主、手工业者、商贩等，由于受到大工业的竞争而有一部分人破产。多数人虽然还维持着现状，但是在工业革命浪潮面前，仍有朝不保夕的忧虑。他们在惶恐不安中努力寻求出路，并为在社会上争得一席之地而积极参加民主运动。已遭到破产者大多流入了无产阶级队伍。总之，在社会利益集团的分化与重新组合中，表面上显得相当混乱，但却是从农业文明转向工业文明的必然现象。破产者的痛苦，其实是人类争取文明进步所必须付出的代价。在大变革中，工业资产阶级和工业无产阶级的形成最为引人注目。

工业资产阶级是在开发和使用机器从事工业生产中逐渐形成的。他们远比手工工场时期的商人资产阶级和金融资产阶级更具有开创和进取精神，也更具有竞争意识。从工业产值超过农业产值，工业人口超过农业人口，机器生产排挤手工劳动等现象来看，足以说明到 19 世纪前期工业资产阶级的实力已明显超过土地贵族和商业、金融资产阶级，成了资产阶级的主体。

无产阶级是大工业的直接产物，与手工工场工人不同，他们是完全的产业工人。本书在"19 世纪的历史地位"一节中对此已作了说明，这里不再赘述。

不难看出，工业革命使英国社会发生了巨变，出现了全方位的社会变革。同时，它也使英国走在了世界历史的前列，率先向工业文明转化。这就在世界历史上出现了英国一枝独秀的现象。19 世纪前期，法国、美国和德意志的一些邦国纷纷进行仿效，开展起本国的工业革命。但是它们主要靠从英国引进机器来进行机械化。1825 年英国解除了不准机器出口的禁令，于是大量英制机器被各国购买。1845—1870 年英国机器出口额增加了 4 倍。英国用自己制造的机器装备了各国的工业，因此得到了"世界工厂"的美誉。它促进了整个资本主义世界的工业革命进程。称它为世界经济工业化的领头羊，是恰如其分的。

"世界工厂"的称号还意味着英国商品行销到了世界各地。英国货供应各国各地区，说明英国在为全世界生产商品，这是"世界工厂"的又一层含义。1850—1870 年期间，在全世界贸易总额中，英国就占了将近 1/4，分别比法、德、美各国高出一倍甚至更多。英国逐渐成为以出口为主的国家，1861 年，它的工业总产值中有 1/3 用来出口，10 年后更达到了 3/5。在它的总出口额中，工业品占 85%，而进口的则主要是原材料，占 61%。与此同时，伦敦还逐渐成为国际金融中心，英镑也成了国际货币。各主要国家的公债和有价证券都在伦敦交易所进行交易。

在这种惊人的发展中，英国发了大财，实力超群，独步天下。那些装备有大炮的英国商船队，满载廉价商品，打着"贸易自由"的旗号，在大洋上横行无阻，敲开了亚非拉地区很多国家的大门。英国人睥睨全球、恃强凌弱、牟取暴利、残民以逞，是应受谴责的。但是，肇始于英国的工业革命，终究为全世界经济走向工业化开了先河，创出了模式，又提供了机器。这一带路人和领头羊的作用是极其重大的，它推动人类社会进入了一个新的工业文明时代。

四

工业革命与政治改革

工业革命使英国的产业结构乃至整个经济结构都发生了巨变。这是经济基础方面的变化。这一变化必定要反映到政治上，促成政治生活的变化和上层建筑的改革。

工业革命带来的城市化现象，是人类文明的进步，一批大的新兴工业城市建立和发展起来。但是，英国传统的政治体制使这些新兴的城市得不到基本的政治权利与地位，在国会选举制度上显得尤为突出。众所周知，自 1688 年政变并确立君主立宪制度以来，国会的地位大为提高。在国会中占有多数席位，成了执掌政权、决定方针大计的前提条件。但是，国会选举制度还是中世纪时定下的，议员席位的数额已固定地分配给各个选区。当然，这些选区不会包括新兴的工业城市，也不会照顾到工业革命中北方各地因工业发展而人口增多的新情况。另外，由于社会的发展以及自然条件的变化，中世纪确定的选区中，有些已经衰落，还有些已变成荒丘，或被改为公园，甚至还有的地方被海水淹没而完全消失了。

24

但是，按原来的规定，这些"衰败选区"还占有议席的名额。这种陈旧过时的规定使所有新兴工业城市的居民无法享有选举权，也使工业资产阶级无法将自己的代表选入国会。

正是这种上层建筑和经济基础的矛盾，激发了民主改革运动的兴起。但是，18世纪末的民主运动遭到了镇压。那时英国正在干涉法国大革命，自1793年起就与法国交战。后来又与拿破仑帝国作战。这一仗断断续续打了20多年，直到1815年拿破仑失败。战后英国政府为弥补巨额的军费开支，提高税收，加重了人民负担。1815年国会又通过《谷物法》，宣布国内的小麦价格不超过每夸脱（1夸脱等于1.1365升）80先令（1先令等于1/20英镑，1971年取消先令）时，禁止谷物进口。这是为了阻碍欧洲大陆的廉价粮食输入英国，以保护土地贵族的利益。但是它使粮价上涨，给城镇居民带来困苦，也使劳动力价格提高，不利于工业发展。究其原因，就在于土地贵族在国会下院中占有优势。当时的《政治纪事》报就提出，解决这一矛盾的唯一办法，就是改革国会选举制度，让一切纳税人都享有选举权。民主改革运动重新高涨起来。1819年8月，曼彻斯特的大批群众在圣彼得广场集会，政府派兵镇压，打死打伤数百人。1829年工业资产阶级的代表建立了"伯明翰政治同盟"，大力宣传要将工业家与贸易家选入国会。1830年伦敦也成立了"首都政治联盟"。在1830年法国七月革命胜利的推动下，木工洛维特创立了工人与劳动者的"全国联盟"。民主改革运动迅速高涨，遍及全国。

这时，在国会中处于反对派地位的辉格党表示支持进行改革。随后，执政的托利党下台，由辉格党的格雷上台组阁。格雷内阁于1831年提出改革方案，但遭到国会下院否决。格雷解散下院，在重新选举中获胜，新下院通过了改革方案，却又被上院否决。这就激怒了人们，在伦敦、伯明翰、曼彻斯特等大城市纷纷举行群众集会，进行抗议示威。各地的请愿书不断送到王宫，使国王大为震惊。慑于这种强大的压力，上院终于通过改革方案，国王也在 1832 年 6 月批准。于是，英国进行了第一次国会选举制度改革。按照方案，人口不足2000 人的选区予以取消，只有 2000—4000 人口的选区减少议会席位，多出来的议席分配给各大工业城市、各郡特别是北方郡选区，以及苏格兰和爱尔兰。另外，对选民的财产资格限制也有所降低。

这次改革的重点是调整选区，最大的变化是使新兴的工业城市第一次分到了议员席位的名额，使工业资产阶级获得了进入国会、参与政权管理的权利。从此，国会的组成发生变化，在决定大政方针时，越来越顺应工业革命和工业资本主义发展的要求。最引人注目的表现，就是 1846 年废除了《谷物法》，随后 3 年中又取消了大约 200 种商品的进口税，实际上将自由贸易定为基本国策之一。这就大大促进了工业的发展和英国在世界贸易中地位的提高。恩格斯当时就指出，废除《谷物法》和进行自由主义改革，说明英国工业资产阶级已超过土地贵族，在国家决策中占有了主导地位。

19 世纪中叶，辉格党、托利党分别改称为自由党和保守党。这时，英国已具有"世界工厂"的称号，国内工业在整个国民经济中已占绝对优势，工人阶级队伍迅速壮大，工业人口超过了农业人口。这就提出了进一步改革的要求。

如果与其他国家相比，这时英国在政治上的自由主义气氛是最浓重的。它没有复杂庞大的军事官僚机器，公民享有言论、出版、集会、结社的自由，工人团体合法存在，外国革命者可在此避难，等等。这一切其实是近代国家政治生活中的一般规律，英国体现得最早，其他国家还未做到。但是，对工业资本主义已取得重大发展的英国来说，仅做到这些还是不够的。在国会选举制度方面就是如此。

1832年的改革只是调整了选区，使工业资产阶级有了选举权和进入国会的机会，然而众多的工业人口，尤其是广大工人，由于受到财产资格限制，还没有取得选举权。30—40年代发生轰轰烈烈的宪章运动，就证明了这一点。宪章运动失败后，民主改革运动继续发展，到60年代中叶，具有了更加广泛的群众性。1865年"全国改革联盟"成立。在它的领导下，争取进一步改革国会选举制度的运动迅速高涨。1866年夏，各大城市不断出现群众集会，伦敦海德公园的集会有20万人参加，并与军警发生了冲突。曼彻斯特、格拉斯哥等地也有十数万群众举行示威。

1867年运动继续发展。当时执政的是保守党内阁，担任财政大臣的狄斯累利敏感地看到，进行改革已是大势所趋，于是便把他曾经反对过的自由党的改革方案接过来，略加修改后提交国会，得到通过。根据这项方案，工业城市的议席进一步扩大，城镇公民除寄宿工人外基本上都得到了选举权。这就是英国第二次国会选举制度改革，大大巩固和加强了工业资产阶级的地位，也使大多数工人有了选举权。很明显，这是英国工业革命完成，经济结构出现重大变化后，政治上出现的必然反应，体现了一种客观规律。

大体上从19世纪70年代起，英国也同美、德、法等国一样，进入了第二次工业革命时期，从蒸汽时代跨入电气时代。第一次工业革命的完成和第二次工业革命的启动，又促使政治改革进一步发展。英国进行了多方面的改革，主要包括文官制度改革，用考核的方式选拔官员；教育改革，实行免费义务初等教育和更强调实用科学的高等教育；社会立法改革，规定罢工合法，限制劳动时间，限制雇佣童工等劳动保护措施；国会选举制度改革，于1884年开始，使大批农村居民得到了选举权。这是第三次国会改革，已接近实现成年男子普选权。

在19世纪，英国是以改革的方式不断缓解社会矛盾的典型国家。这一系列自由主义改革，体现了上层建筑必须适应经济基础的客观规律，而且用改革的方式化解矛盾，对保护生产与生活的持续发展，以及维护局势的稳定，起了积极作用。尤其引人注意的是，英国最早发生和完成工业革命，率先进入工业社会，在政治、经济、社会生活各方面，都早于其他国家向全世界展现了工业文明的各种特征。尽管英国人干出了许多罪恶的勾当，但是它展现出来的却是一幅历史的画卷，预示了世界历史和人类文明必将要踏上的历程。说到底，工业革命使英国在人类社会现代化的进程中成了先驱者和领头羊。

五

资本主义世界市场和世界体系

工业革命以机器生产代替手工劳动为开始，以使用机器来制造机器为完成的标志，即机器制造业也机械化了。根据这个标准，英国工业革命大体上完成于19世纪三四十年代。由于生产力急速提高，产量和产值大幅度增长，扩大出口就成了当务之急。除了对欧洲大陆出口剧增之外，还特别加紧了海外扩张，开拓市场，占领更多殖民地。在打败拿破仑帝国后，英国在维也纳会议上就攫取了许多殖民地。在此基础上，英国的对外扩张活动更强劲了。

自1819—1846年，英国先后占领了新加坡、马六甲、亚丁、香港、纳塔尔（南非）、拉布安（北婆罗洲）等地。与此同时，对印度的征服活动也大为加强，到40年代英国东印度公司已迫使印度500多土邦的王公与它签订条约，成为公司的藩属，未被征服的地区只余下信德和旁遮普两地。最后英国通过战争手段吞并了这两地，到1849年完全占有了印度。60年代初，英国将它占领的缅甸领土并入印度，划为一个省。此外，英国还发动了侵略阿富汗和伊朗的战争，目的未能得逞。1840年，它发动了侵略中国的鸦片战争，50年代它又与法国勾结，对中国进行了第二次鸦片战争。在非洲，英国对埃及渗透，取得一系列特权；强迫摩洛哥签订不平等条约；占领拉各斯（尼日利亚）；大举在南非扩张。在南半球，英国自18世纪将澳大利亚当作犯人流放地后，于19世纪30年代宣布对整个澳大利亚拥有主权。40年代又宣布新西兰归英国所有。这样，到1860年英国占有的殖民地总面积已达647.7万平方公里，1880年更增至1944.3万平方公里，相当于其本土面积的82倍，成为世界上最大的殖民帝国。

另一个占有大量殖民地的国家是法国。还在17世纪，法国就已占有了大量殖民地。18世纪时被英国抢去许多，尤其是在北美和印度。拿破仑帝国崩溃后，法国更是几乎丧失了所有海外殖民地。1830年七月革命后，工业革命起飞，由金融贵族统治的七月王朝对此不予关注，只是有限地搞了些海外殖民活动。40年代，法国初步征服阿尔及利亚，在象牙海岸建立了殖民据点，强迫中国签订中法间第一个不平等条约——《黄浦条约》，还在太平洋上占领了塔希提·马克萨斯岛。到1852—1870年的法兰西第二帝国期间，随着工业革命的发展与完成，法国的殖民扩张大力加强起来。这时，它在非洲完全征服了阿尔及利亚；扩大了塞内加尔殖民地；占领加蓬沿海地区；建立几内亚殖民地；宣布对达荷美沿海实行"保护"；将势力渗入突尼斯和摩洛哥，攫取到大量特权。在亚洲，它参加了英国对中国发动的第二次鸦片战争，迫使中国签订不平等条约；与列强一起入侵日本；发动侵越战争，占领越南南部；宣布柬埔寨为其"保护国"。法国成为仅次于英国的殖民大国。

在此期间，美国也进行了一些海外侵略活动，包括迫使中国、日本签订不平等条约等。

这时，俄国的侵略扩张最为疯狂。维也纳会议后，它着力于向东、向南扩张，不断对土耳其、伊朗、中亚和中国发动战争。南高加索多瑙河三角洲岛地、里海东岸、中亚土尔克斯坦的三个汗国（浩罕、布哈拉、希瓦）、中国东北和西北的 150 万平方公里的领土等，都是这时被沙皇俄国霸占的。此外，它还取得了对塞尔维亚和多瑙河两公国的保护权。不过，俄国的扩张与英法等国还不尽相同。它不是占领殖民地，而是将夺占的领土直接划入俄国版图，而且在整个扩张过程中基本上不含资本主义因素，只是一种军事征服。

19 世纪前期至中期，有一系列国家通过改革或革命过渡到了资本主义阶段，包括比利时、德国、意大利、俄国、奥匈帝国、日本等等，加上原有的荷、英、美、法等资本主义国家，可以说，资本主义制度已在世界上确立了。同时，上述的殖民扩张活动，将世界上大部分地区都纳入了资本主义列强的统治或控制的范围。正是在这样的情况下，一个资本主义的世界体系初步形成了。而在这之前不久，资本主义世界市场已经形成。它是资本主义世界体系在经济上的依托。

世界市场和世界体系还有所不同。这里所说的资本主义世界市场，并不是单纯指某国商品销售到其他国家去，在世界上找到了市场，从而区别于国内市场。这里的世界市场指的是有内在联系的，各国各地必须互通有无才能保持生产发展的市场，而且各地有着生产专业化的特点，其产品又是别国别地所必需的。例如 19 世纪中期时，英国的机器、智利的铜、巴西的咖啡、古巴的糖、东南亚的香料、美国南部的棉花、中国的瓷器与丝绸……都带有特产的性质，是很多国家十分需要的商品。这种世界各地商品间的互补性，使全球日趋密切地联系起来，这正是今天经济全球化的一种前兆。它的早期体现，就是资本主义世界市场的形成。

1857 年，发生了历史上第一次世界性的经济危机。自1825 年英国首次发生经济危机以来，每隔十年左右就又发生一次，但是那都只是个别国家或某一地区的事情。至于世界性经济危机的发生，则必须至少具备以下的条件。首先，参与国际竞争的国家已达到一定数量，这样，发生危机才可能同时影响到不同地区。其次，在主要参与竞争的国家中，其工业生产已在国民经济中占有主导地位。因为在国际市场上进行竞争的商品主要是工业产品，工业占主导地位才会受到危机的影响。最后，竞争各国的进出口贸易已对整个国民经济具有了举足轻重的影响。否则别国别地发生危机，还不可能使本国被卷入进去。这几个条件就是发生世界性经济危机的前提。既然世界性经济危机在 1857 年发生了，就证明那时已经具备了这些条件，也确凿地证明了当时已经存在着一个有内在联系的世界市场。

资本主义世界体系则有所不同。它既涵盖了资本主义世界市场，而且还越出经济范畴，同时包括了在政治上对世界大部分地区的控制。主要参与竞争的国家都是资本主义性质的国家，尤其是英法等国，还占有大量殖民地，使得世界上大部分国家和地区都处在资本主义势力的控制之下。这就是资本主义世界体系。

不难看出，资本主义世界市场和世界体系的形成，伴随着大量的对殖民地人民的侵略、压迫和奴役。这是应该予以揭露和批判的。但是，它显示了世界走向整体化的趋势，是人类文明发展史上空前的进步。在古代，世界各地彼此是隔离的，有几个文明点，例如著名的四大文明古国，相互间并没有经常的交往。后来，尽管曾出现过几个地跨两大洲甚至三大洲的大帝国，那也只是军事征服的结果，内部却没有经济纽带的联结。这是自然经济状态下的必然现象。直到商品经济取代自然经济，近代时期开始时，即到 16 世纪时，才有了开辟世界市场的活动，有了开辟新航路的壮举。19 世纪资本主义世界市场和世界体系的形成，是这一活动的发展，也是它所取得的突破性成就。正是在这个过程中，人类文明在迅速演进，历史在大踏步地发展。到今天，经济全球化已成为世界发展的大潮流、大趋势，现代化已是全人类必定要走的共同道路，只不过在形式上和具体政策上各有千秋而已。试想，当今世界上还有哪一个国家或地区的人们能够避开世界潮流而离群索居？要想现代化，谁也不能拒绝引进高科技，能源匮乏的国家谁也不能不进口石油，即使是发达国家也都有不足之处和薄弱环节，要靠进口来解决。这是一种有着内在联系的"世界经济"，是人类文明演进的新成果。

在古往今来的历史上，有一个现象很值得注意。那就是直到 15 世纪末，世界上文明发展最快、最显著的地区只限于亚欧大陆。在这里已形成的基督教文化为标志的欧洲文明区，以伊斯兰教文化为标志的北非、中亚、西亚文明区，以及以佛教文化和儒家学说为标志的东亚文明区。而在亚欧大陆之外的整个美洲、非洲内陆和大洋洲，都还处在原始社会或原始公社解体的发展阶段，远远落后于亚欧大陆。为什么会出现这么大的反差？最主要的原因就是亚欧大陆既有各地纵向的发展，又有各地之间横向的文化交流。这种交流有时采用和平方式，古代的"丝绸之路"以及后来的通商贸易就是如此。但在很多情况下则采用了暴力形式，例如多次民族大迁徙中的打斗，阿拉伯人的大扩张，蒙古铁骑横扫亚欧大陆，等等。但是，在血腥的征战与杀戮掳掠之后，却带来了各地文化与生产技术的交流，较前更加迅速地促进了历史的发展和文明的演进。中国古代的三大发明——火药、指南针、印刷术，就主要是经由阿拉伯人传入欧洲的。

反观美洲、非洲等地，与亚欧大陆就有很大的差异。它们几乎只有纵向的发展而没有横向的交流，隔绝于世，十分闭塞，从而造成发展十分滞缓。以美洲为例，它本来也产生过很辉煌的远古文明，马雅人甚至还创造了文字。但是，闭塞的特点使他们难以有新的突破。根据后来学者的统计，印第安人的语言竟有两千种之多，足见他们互不往来，更谈不上融合，长期过着小部落封闭式的生活。眼界打不开，也就难有新的开拓与创举。1492 年哥伦布发现美洲之后，这里才开始与外部世界接触，情况也逐渐起了变化。

古代亚欧大陆的发展与其他各洲相对落后的这种巨大反差，告诉了我们一个道理，那就是交流与竞争是促进发展的重要杠杆，自我封闭是造成落后的一个重要原因。历史经验也使我们更加体会到，把改革开放定为我们的基本国策是多么英明正确。另外，历史还告诉我们，人类文明每前进一步都要付出代价，有时是十分沉重的代价。但是，同文明进步的成果相比，这种代价的付出不仅是无法避免的，而且也是值得的。在这里，我们不应用伦理道德的标准来评价历史，那是不科学的。必须用生产力标准，从文明演进的视角去看问题。

六

理性时代

随着商品经济时代的到来，人们的思想观念也在发生变化。在这之前，在普通人的头脑中，上帝是宇宙间的最高主宰，国王是上帝在人间的代表，贵族则是"天然尊长"。因此，王权、神权与特权是最为神圣的，而普通百姓则是上帝的奴仆，是国王与贵族的臣民、属民，只可受制于人，听命于人。这是天经地义，是上天的安排。在欧洲，这种状况延续了千余年。

如同本书在第一部分所述，商品经济时代的到来，市场经济中的竞争机制，打破了这种千年的传统，人的地位和人的价值凸显出来。于是，一些先进的睿智之人敏感地观察到了这种变化，开始从理论上并以文学的形式去冲击旧的传统，提出了一系列新的观点与结论，形成一股新思潮。最早是从意大利兴起的文艺复兴运动，不久就扩展到西欧各国，涌现出许多人文主义的大师，留下了大量不朽的传世之作。人文主义以人道反对神道，反映的正是以人为本的精神。

在继承与发展人文主义的基础上，从 17 世纪起，又兴起了启蒙运动。"启蒙运动"一词，英文为 enlightenment，有"文明""开始"的意思，古义则为"照耀"。法文的表述则是 Lumières，意为"光明""照亮"等。很明显，这是说启蒙运动在黑暗的中世纪封建社会中，给人们带来了光明，照亮了人们前进的正确道路。我国学者将其译为"启蒙"是很贴切的，意思是它打破了人们头脑中的蒙昧状态，启发了人们摆脱旧传统和争取光明前途的意识。

17 世纪的早期启蒙思想家大都出现在进行了资产阶级革命的荷兰与英国。其中最著名的在荷兰的格劳秀斯、斯宾诺沙，英国的霍布斯、密尔顿、洛克等。18 世纪时，启蒙运动在法国达到鼎盛时期，涌现出一大批卓越的思想家和学者。多才多艺的伏尔泰和近代法学的奠基人孟德斯鸠是当时老一辈的启蒙大师。被称作"百科全书派"的狄德罗、费尔维修、霍尔巴赫、达朗贝、拉美特利等是一批唯物主义和无神论的哲学家，以狄德罗为首要的代表。还有创立重农学派的经济学家魁奈、博学家毕林、激进民主主义的卢梭、剧作家博乌舍等，都是启蒙思想家中的佼佼者。

启蒙运动宣传的中心思想，就是人的理性。所谓理性，就是人的思考与判断。这就排除了上帝的意旨，把决定世界一切事务和人的命运的权力，从上帝、国王、贵族的手里转到了人们自己的手里。所以理性最本质的含义是人的权利。由于 18 世纪启蒙运动发展到顶峰，所以这个世纪又被称为"启蒙时代"或"理性时代"。

启蒙运动的开路人之一是伏尔泰（1694—1778）。伏尔泰是笔名，他的原名叫弗朗索瓦—马利·阿鲁埃。他出生在巴黎一个资产者家庭，16 岁时毕业于当时全法国最著名的路易大王中学。伏尔泰多才多艺,著作丰硕,第一次出版的全集达 70 多卷,内容涉及哲学、政论、文学、史学、戏剧和自然科学各个方面。

在不到 20 岁时,他写的诗已很精彩,就连许多傲慢的贵族都钦佩他的文采。但是他对贵族社会却非常痛恨。23 岁时他写诗揭露和讽刺宫廷的腐败,结果被捕,坐牢将近一年。他在狱中又写了一部剧本,抨击神是恶毒的。由于他在政治上主张开明君主制,所以在狱中还写了长篇史诗《亨利亚特》,将当政的波旁王朝的开国君主亨利四世颂扬为开明君主。出狱后他一边写作,一边经商,取得很好的经济效益。后因对一个品格下流的贵族讥讽挖苦,遭到贵族恶仆的毒打,而且再次下狱。两年后出狱,又被驱逐出国。于是他到了英国。

伏尔泰在资本主义的英国住了 3 年,大量阅读了唯物主义哲学家洛克、科学家牛顿、戏剧大师莎士比亚等人的著作,受到极大影响。英国的君主立宪制也给他留下了深刻印象,使他更加痛恨法国的专制制度。

回国后,他以更加成熟了的思想和文笔写出了大量作品,其中最重要的是宣传洛克唯物主义哲学和牛顿科学理论的《英国通讯》(又名《哲学通讯》),结果遭到当局通缉。于是,他隐居起来,长达 15 年之久。在隐居时,他又写出了许多诗歌、小说、剧本、史学著作和自然科学著作,有些还流传到国外,一时间伏尔泰声名大振。当时普鲁士的王子腓特烈(即后来大力进行改革并被称为"大帝"的腓特烈二世)专门写信赞颂伏尔泰,并表示对他十分崇拜。法国政府出于外交上的考虑,在 1740 年腓特烈继承王位时,特别派伏尔泰为使节去晋见这位新国王。1746 年伏尔泰又成为相当于国家科学院的法兰西学院院士。但是他并未因此而改变自己的思想。1753 年他在作客普鲁士宫廷之后，决定再也不同君主位及官方交往，在瑞士与法国接界的菲尔奈买下地产，定居下来，专心写作。许多欧洲进步人士与他通信，尊称他为"菲尔奈教长"。

在菲尔奈，他写出了很多作品，包括哲学、史学，特别是小说。他宣传客观世界有自己的自然规律，并不依照神意去运转。体现自然规律的是自然法。一切人都应享有自由权利，即按照自己意志去行事的权利，但是要受到自然法的约束。自然法就是不让别人痛苦，也不以别人的痛苦来使自己快乐。这其实就是伏尔泰的自由观，即自己行使自由权时，不得伤害别人的自由。

伏尔泰的小说十分精彩，传播很广。《如此世界》《老实人》《天真汉》等，都是脍炙人口的作品。例如《天真汉》就讲述了这样一个故事：路易十四时加拿大成为法国殖民地。在加拿大一个未开化部落里，一名天真无邪的青年来到了"文明"的法国。这就是小说的主人公天真汉。有人对他说，来到法国就应按照圣经去规范自己的言行。天真汉就老实照办，每一言、每一行就按圣经所说去办，结果都被人讥笑为傻瓜。他百思不得其解：为什么圣经要人说的做的，周围的人谁也不去说，不去做？他这种执着、朴实和认真的品格，使他赢得了美丽善良的少女伊芙的爱情。天真汉深感幸福，并认为两人真诚相爱完全是自己决定的事情，无须他人插手。不料他们这种未经父母做主的爱情却招来了不幸。在天真汉人教受洗礼时，教会恶意地安排伊芙主持受洗仪式。根据传统的规定，主持人就成为受洗者的教父或教母。这样，教子与教母当然就不能结为夫妻了。天真汉被愚弄，气极败坏。于是有人安慰他说，如果得到教皇的恩准或者国王的特批，仍可以与伊芙结婚。懊恼的天真汉听后，就出发到凡尔赛宫去求见国王。他心情烦闷，一路上不免出些怨言。谁知被密探听到，竟然将他关进了巴士底狱。

天真汉的叔叔得知后，急忙设法营救。他先去求国王的忏悔师，结果碰壁。因为忏悔师正在与一位贵族小姐厮混。他再去求见巴黎总主教，也遭拒绝。当时总主教恰好与一位贵妇人在窃窃私语。于是他又去向主教求救，却更遭到冷落。他怎知主教正偎依着一位漂亮小姐共读一本某夫人写的小说《神秘的爱》。接连的失败使他一筹莫展。这时，少女伊芙便自行去营救，向宫廷的一名权臣求恩。那个大臣满口答应，但条件是伊芙要为他侍奉枕席一次。伊芙决定牺牲自己，救出恋人。结果，天真汉被释放出狱，伊芙却因受辱悲愤而死。这就是小说的结局。不需添加任何说明，主题一目了然。

伏尔泰于1778年逝世。去世前，已84岁高龄的伏尔泰返回故乡巴黎。一时间巴黎万人空巷，大批群众自发地涌向他的住所，以非常崇敬的心情欢迎这位享有盛誉的老人。这正说明启蒙思想已深入人心。

孟德斯鸠（1689—1755）是老一辈启蒙思想家的又一位卓越代表。他出身于当时法国最大的商港波尔多的贵族之家，父亲在军中供职，伯父为男爵，任波尔多法院院长。孟德斯鸠受过良好教育，19岁便获得法学学士学位，成为律师。27岁时其伯父死去，孟德斯鸠承袭了男爵爵位和波尔多法院院长职务。他同时还在经商，在自己庄园中种植葡萄和酿造葡萄酒，产品远销英国，获利丰厚。他在担任法院院长和经商过程中，越来越感受到朝政的腐败、贵族的堕落和专制制度对工商业的阻碍。于是他开始研究改变社会现状的出路。1721年他化名彼尔·马多发表了小册子《波斯人信札》，借两名波斯人的通信，讲述他们漫游法国的印象。信中内容十分丰富，揭露宫廷卖官鬻爵，大搞裙带关系；讥讽贵族花天酒地、淫乱下流的生活；嘲笑教会的虚伪和上层教士的放荡行为；描绘显贵们身边那些荡妇们穿针引线的活动，等等。他说自路易十四死的时候，法国已百病缠身。他更着力抨击专制王权，说决不应为了一个人的幸福而损害全国的人力和物力。

1726年他将波尔多法院院长职位卖掉，得到一大笔钱，然后迁居巴黎，从事学术研究，不久成为法兰西学院院士。随后又出国考察，游历了很多国家，在英国逗留时间最长。他与英国哲学家休谟结下友谊，还认真研究洛克的哲学，考察英国的政治制度。洛克的分权理论和英国的君主立宪制给他留下了极深的印象。他的思想趋于成熟了。

从英国回来后，他写出了史学专著《罗马盛衰原因论》。当年化名写的《波斯人信札》只是一部暴露性著作，对专制制度的嘲弄批判是尖锐的，而对未来前景的推测却是模糊的。在这部新作中，他借助阐释古罗马从共和制到帝制的历史，表达了一整套自己的政治主张，认为对社会发展起决定性作用的，是政治法律和公民的品德。他不谈社会经济与生产力的发展，把法律与道德当成决定性因素，这当然是唯心主义的历史观。但是，他强调法律的地位与作用，尖锐批判专制主权，却反映了以法治取代人治的进步思潮，符合历史发展的规律。如果说孟德斯鸠在这里还借助史学著作叙说政治观点的话，那么他在下一部著作《论法的精神》中，就直接论述其法学原理了。正是这部法理专著，使他成为近代法学的奠基人。

《论法的精神》是孟德斯鸠用了近 20 年时间进行研究而得出的结晶。他用理性学说作为法学的理论基础，创立了法学上的理性原理。他提出，任何世上存在的事物都各有自己的法。上帝、物质世界、兽类、人类等，都各有各的法。这种说法看起来荒唐，但是他的目的是借此把上帝统辖宇宙万物的传统观念否定了。上帝既然有上帝的法，那他就管不着物质世界和人类之事了。孟德斯鸠明确指出，人类的法就是人的理性。这是他全书的核心结论。意思是说，人类的法是人类根据自己的需要和自己的权利去制定和执行的，与上帝无关，也与王权、特权无关。据此，他提出了政体分类学说，认为君主立宪制是最好的。专制政体施行暴政，必须反对；而在共和政体之下人人都只按自己的意愿行事，热衷于追逐金钱，办事效率又低，也是不可行的。这其实是他观察英国政体得出的结论。

孟德斯鸠在法学上的最大贡献是他受洛克分权学说影响而提出的三权分立理论。他认为，要保障人权就必须国政修明，为此就必须有制度上的保证。在他看来，国政大权无非是三大项，即制定法律、执行法律和保障法律的施行。据此，他将其定为立法、行政、司法三权。如果三权合一，那就是专制制度。只有三权分立，而且以立法权为中心，立法机构由民选产生，才能做到公正，三权之间既相互配合，又相互制约，这才能既保障公民自由权利，又防止独断专权。从

《论法的精神》发表到今天，已有两个半世纪了。历史的实践表明，在世界上绝大多数国家里，三权分立的制度是行之有效的，是政治民主化的重要组成部分，所以才历世而不衰。

此外，孟德斯鸠还提出，在法律上应该轻刑宽和、量刑合理、刑罚应有教育作用、不得以思想与言论定罪、判决必须凭证据等论点。在国际法方面，他提出要区分正义战争与非正义战争。在经济法方面，他认为私有财产是人的自然权利，要给予保障。他反对横征暴敛，主张为保护工商业而立法。

孟德斯鸠的法学理论，为近代法治社会奠定了理论基础。

在新一代启蒙思想家中，狄德罗是唯物主义哲学思想的杰出代表。恩格斯在其名著《费尔巴哈和德国古典哲学的终结》中写道："如果说，有谁为了'对真理和正义的热诚'……而献出了整个生命，那么，例如狄德罗就是这样的人。"

狄德罗出身于布列塔尼省一个制刀作坊主的家庭，16岁时离家到巴黎求学。19岁获文学硕士学位。他父亲要他学法律，但是他更喜欢研究教学、语言文学，特别是哲学。为此，他父亲一怒之下就不再寄钱给他。这样，他从21岁起度过了10年清苦的日子，依靠做家庭教师、为教会抄写经书和从事翻译而维持生活。由于他从事的工作都带有知识性，自己又刻苦勤奋，所以积累了丰富的学识。他边读书，边观察社会，悟出了许多哲理。他还结交了一些志同道合的朋友，包括卢梭、达朗贝、孔狄亚克等。

他于1746年发表了第一部著作《哲学思想》。这是用随感形式写成的，有感即发，各段之间不一定衔接。他在书中大力宣传唯物主义思想，虽然还没有直接提出无神论，但是却已把上帝描绘成恶毒与残忍的代表，说最正直的人最不希望有上帝存在。此书冒犯了教会势力，但幸亏他是用化名写的，才逃过了当局的侦缉，当时巴黎警察局把此书作者定为"极端危险分子"。一年后他又写出了《怀疑论者的散步》，公开提出了无神论。此后陆续写出了多部著作。由于他从根本上否定上帝和宗教，终于被当局逮捕，投入监狱。后经朋友们多方营救才获释。出狱后他便全力投入了《百科全书》的编纂工作。

在狄德罗被捕之前，一家出版商就约他主持，将英国钱伯斯百科全书译成法文出版。但是他却决心编一部系统宣传唯物主义和理性学说的百科全书，并表示要以此书改变人们普遍的思想方式。所以他将书名定为《百科全书或科学、艺术与工艺详解辞典》。为《百科全书》撰稿的共205人，包括伏尔泰、孟德斯鸠、卢梭等启蒙运动的巨匠，达朗贝、爱尔维修、霍尔巴赫、孔狄亚克、拉美特利、孔多塞等一批后来被称为"百科全书派"的唯物主义哲学家，还有重农学派经济学家杜尔哥，著名化学家拉瓦锡，等等。开始时确定，由狄德罗、达朗贝二人任主编。后来，在当局的威胁与迫害下，达朗贝退缩了，狄德罗就独自担当起主编职责。他亲自写了千余个条目。除哲学外，书中社会政治类的大部分主要条目都出自他的笔下。经过长期艰苦的奋斗，多达28卷的《百科全书》终于在1772年出版。这是意识形态领域中的一大盛事，成为当时思想与文化界关注的中心，也由此掀起了启蒙运动的新高潮。

狄德罗的最大贡献还是在哲学思想方面。他以彻底唯物主义的态度解释世界，不给唯心主义留下任何藏身之处。他说宇宙万物包括人与动物，都是物质的实体，这种实体是唯一的、无限的、永恒的。那些为宗教迷信辩护的论点，只不过是用最可疑的事情来证明最不可信的东西。人的意识来自对物质世界的认识，使人能够思考的大脑，本身也是物质的。

狄德罗的可贵之处，还在于他的学说中包含了许多辩证法的结论。他认为物质世界永远处在运动与变化之中，而且有自己的规律。物体运动变化的原因，并不像过去那些机械唯物论者解释的那样，是由于外在不可知的力量推动的，而是因为物体本身内部充满着活动和力。把运动变化的原因归结为物体自身的"活动和力"，是强调了自因论，排除了外因论，明显含有辩证法的因素。此外，他在对许多问题的解释上，都运用了辩证法。在哲理小说《拉摩的侄儿》一书中，他论述了大量的社会现象。在谈到道德问题时，他说在当今的社会中，一些人认为是美德的东西，却被另一些人视为邪恶，反过来也是如此。现在有许多正直的人往往并不快活，而不少快活的人却又很不正直。在论及知识时，他说物理本是万物之理，但是在整个知识的海洋中，物理学也不过是一滴水，如此等等。

狄德罗的哲学不仅含有辩证法因素，而且有着很强的战斗性，直接与反对专制王权和贵族特权联系在一起。他强调民主制度和公民平等，宣传任何政权都不能离开人民，政权在本质上只属于人民。

和狄德罗一起进行唯物主义宣传的那些"百科全书派"的哲学家，也都写出了大量著作，笔锋犀利，论证服人，在哲学史上留下了光辉的篇章。恩格斯对以狄德罗为代表的百科全书派给予了很高的评价，说他们的著作是法兰西精神的最高成就。

与狄德罗同时代的另一位著名启蒙思想家是让－雅克·卢梭（1712—1778）。卢梭出生在瑞士日内瓦一个钟表匠家庭。其祖先是法国人，16 世纪时因信仰加尔文教受到迫害，才迁居日内瓦。卢梭因家境贫寒未受过系统的教育，完全靠自学积累了知识。从 12 岁起他就给人当家仆，到店铺学徒，饱受虐待。16 岁开始流浪生活，在意大利北部的尚贝里城得到贵妇人华伦夫人的帮助，不久成为音乐教师。他大量读书，研究音乐，谱写了一些乐曲并编写了剧本。1740 年他到了法国，3 年后被任命为法国驻威尼斯公使的秘书。任职一年后回到巴黎，结识了狄德罗，曾为《百科全书》撰写了若干条目。狄德罗被捕后，他去探监，路上得知第戎市科学院正在征文，题目是《科学与艺术的复兴对教化风俗是否有助》。在狄德罗鼓励下他参加了征文，竟获得了第一名，并由此成为名人。

从这篇文章中已可看出，卢梭同情下层群众，鄙视和憎恶特权等级。他写道，人的德行是灵魂，而美好的灵魂只存在于庄稼人的粗布衣服里，并不在大臣们的绣金袍下。从此，他就致力于探讨社会问题，于 1755 年写出了《论人类不平等的起源和基础》，成为他的代表作之一。他说，私有财产出现时产生了不平等，国家形成后不平等加重了，暴君政治出现后，不平等达到了极点。他辩证地指出，当人们在暴政面前都变为奴隶时，也就得到一种平等，即人人都是奴隶。但同时也得了另一种平等，即使用暴力的平等。既然暴君用暴力奴役人民，人民就有用暴力打倒暴君的平等权利。在暴君被推翻时，他是没有理由埋怨暴力的。正是根据这种论述，后来恩格斯在写《反杜林论》时把卢梭这本书和狄德罗的《拉摩的侄儿》并称为"辩证法的杰作"。

卢梭另一部更重要的代表作是《社会契约论》。在这本书里，他集中论述了人民主权思想，也可称为主权在民学说。他说，主权来自人民，人民根据自身利益订立社会契约，用它来体现公共意志，也就是代表全体人民根本利益的意志。因此，社会契约是人民主权的集中表现，是最高权力，不可侵犯、不准分割、不得转让、不受限制。在人民主权之上决不允许存在一个更高的指挥者。任何一个公民都可以有自己的意愿，但是在行使自由权时却不准损害公共意志。在代表全民的公共意志面前，人人是自由的，如果损害公共意志，那他本身也就不自由了，社会契约将干预，迫使他自由。公共意志用法律来维护。在法律面前人人平等，包括立法、执法、守法、受法律保护和被法律制裁等一切方面的平等。

此外，卢俊还写出不少文学作品，其中以《新爱洛绮丝》和《爱弥儿》最著名，《新爱洛绮丝》写的是一个爱情悲剧。爱洛绮丝是贵族小姐，但纯真善良、美丽温柔。她的家庭教师圣普乐出身平民，然而道德高尚、才貌双全。两人之间产生了感人至深的爱情。但是爱洛绮丝那顽固而又粗暴的父亲，生生拆散了这对爱侣，将女儿强行嫁给了另一个贵族。

《爱弥儿》是一部教育小说，是卢梭理性教育思想的体现。贵族子弟爱弥儿出身高贵，但自幼受到了理性教育，因而崇尚自由与平等。在他眼里，街上的清道夫和马车上的贵族老爷都是平等的人。这说明，理性学说才是最强大的，足以战胜旧的传统，将贵族改造成理性的人。

卢梭的学说对后来的大革命产生了极大影响，尤其是他的人民主权学说。大革命中许多重要文件和立法，都是以此为据制定的。卢梭一生坎坷，长期流浪，曾受到当局通缉，晚年过着隐居的生活。他在生前写下一本自传体的《忏悔录》，非常坦率地回顾了自己的一生。对一切论敌他都坚决予以回击，但是对自己的过失也率直写出，绝不掩饰，包括他在威尼斯与旅店女仆同居，生下 5 个子女却都被送进救济院的稳私。卢梭是启蒙运动中激进派的民主主义思想家。

除以上简要介绍的伏尔泰、孟德斯鸠、狄德罗、卢梭之外，还有许多有着很大贡献的启蒙学者。例如魁奈，他创立了重农学派，是古典政治经济学家之一。他第一次论述了再生产的理论，被马克思、恩格斯誉为天才。又如毕封，是唯物主义博物学家，写了 36 个分册的巨著《自然史》，用唯物主义观点讲述了地球的形成与演变。还有出色的启蒙戏剧家博马舍，以他那脍炙人口的《费加罗的婚礼》一剧而蜚声剧坛。就是在这部剧本里，他为象征第三等级的主人公费加罗写下了这样一段独白："因为您是个大贵族，就自以为伟大的天才！门第、财产、爵位、高官，这一切使您多么扬扬得意！您干过什么，配有这么多享受？除去从娘胎中出来时用过一点力气之外，您还有什么了不起的？……至于我呢，湮没在无声无息的广大人群之中，光是为了生活而施展出来的学问和手段，就足够统治整个西班牙一百年还有富余。您居然想跟我来争夺果实！"

18 世纪法国启蒙思想家们的种种论述，将 17 世纪以来的启蒙运动推到了顶峰。恩格斯把他们称为伟大人物，说他们都是非常革命的。如果总结归纳一下，至少可以得出以下一些结论。

第一，启蒙运动是继文艺复兴以来又一次思想解放运动，是人类新的精神觉醒。启蒙运动的矛头，直接专制的王权、神权与特权，而这些在封建制度下都是最神圣、最具尊严的权力。启蒙思想家只承认自然和人的理性，而不承认任何传统的权威。按照恩格斯的说法，他们将一切制度、法律、宗教和社会都送到理性法庭去审判，也就是用理性的标准去加以衡量，凡是不符合理性标准的，就判定没有继续存在的权利，就给予无情的揭露与批判。这种做法就彻底地把人的理性摆到了至高无上的地位，而把上帝的意旨甩到了一边，必将会从根本上扭转人们的原有观念和习俗，也会改变人的价值取向。这正是精神大觉醒、思想大解放的表现。

第二，启蒙政治学说的核心是人权和法治。关于人权的学说早已产生，但是从来没有像法国启蒙思想家那样论述得如此系统、明确和深刻。在他们的笔下，神授的权力是不存在的，因此人们谋求生存、追求幸福的要求，是天赋的自然权利，而且这种权利是自由平等的，不因血统和门第而不同。天真汉、爱洛绮丝、费加罗等追求的就是这种权利。到了卢梭那里，更用人民主权学说把人权理论提高到了顶点。

人的自然权利既然是王权、神权、特权的否定物和对立物，那它就只能依靠法律来保障。在法律面前人人平等，实行三权分立的全民主制，人们拥有言论、出版、集会、结社的法定自由权利，人的自然权利才能转变成受法律保护的公民权利。所以必须建立法治社会，用以法律为标志的国家权力取代以君主为代表的贵族特权。法学理论是启蒙运动的重要组成部分，也是对文艺复兴运动的新发展。

第三，在哲学史上，启蒙哲学是从机械唯物论向辩证唯物主义发展中的过渡阶段。唯物主义哲学思想在古代就已产生了，但却基本上属于朴素的、机械的唯物论，而很早出现的辩证法学说又大多是唯心主义的。而以狄德罗为代表的百科全书派的哲学家们，既是坚定的唯物主义者，又在自己的学说中抒发了许多闪烁着辩证法火花的精彩结论。后来，马克思、恩格斯都曾表示，他们创立科学共产主义理论时，也从启蒙学说和法国大革命史中总结和吸取了有用的因素。列宁也说过，狄德罗已非常接近现代唯物主义的看法了。

第四，启蒙运动的又一大贡献是崇尚知识、提倡科学、批判蒙昧主义。启蒙思想家们用科学知识来描绘自然，否定神学迷信，并且发扬光大了当年培根那句名言——"知识就是力量"。伏尔泰大力宣传牛顿的力学原理，毕封写《自然史》用科学原理解释了大量自然界的现象，狄德罗在《百科全书》中列出了众多的自然科学条目，都是他们尊重知识、相信科学的表现。对于蒙昧迷信，他们是深恶痛绝的。狄德罗就发出质问：圣经上说不负责任的女人在生产婴儿时一定十分痛苦。可是牲畜野兽在下崽时也都很痛苦，这些动物又是如何冒犯了上帝的？博马舍在其剧本《费加罗三部曲》第一部《塞维勒的理发师》中，安排了一个愚昧顽固的老贵族巴尔多络，让他声嘶力竭地叫喊世界变野蛮了，理由是现在竟有人编写《百科全书》，还为儿童种牛痘预防天花，甚至去吃治疗疟疾的新药金鸡钠霜。以此来揭露和讥讽反科学的愚昧现象。应该说启蒙运动本身就是在文化科学取得更大发展的基础上产生的，反过来又促进了科学的更大发展。

第五，启蒙思想家们不尚空想，以科学的态度为未来的理想社会设计了一幅蓝图。魁奈关于经济自由的理论，孟德斯鸠关于议会制度和三权分立的法学原理，各位学者关于人权自由和政治平等的论述，以及许多关于制度、法律、习俗、人品、舆论、婚姻、家庭、教育等多方面的设想与描绘，都是他们本着理性精神提出的对未来的展望。在这些预言式的结论中，有大量的成分经过后来历史实践的检验，被证明是行之有效的。其中有相当多的设想，今天仍存在于大多数国家中，已成为定制。

自启蒙运动以来，两三个世纪的历史发展进程说明，那些卓越思想家们提出的理论和学说，其意义和影响是超出了国界并跨越了时代的。他们为人类文明发展史写下了光辉的一页。

具体到当时的法国，启蒙运动的作用就显得更直接和更突出。大革命中所有各革命派别的代表人物，以及后来做了皇帝的拿破仑，直到19世纪前期的共和派及民主派的许多活动家，都是在启蒙思想的影响下形成政治观念和参加革命行列的。启蒙学说培养了整整一代革命者。正因为如此，大革命中各种文件和政策的制定，几乎都把启蒙学说当成指导思想，从而将启蒙思想家的许多结论，从一种观点与学说变成了国家的制度和法律。

另外，启蒙思想能够广泛地深入人心，还得益于它的多种传播渠道。长期以来，家家户户总会有一本日历。这时，很多日历在每天的那一页上都印有一句启蒙学者的警句或精彩的语录。那时，民间还普遍都备有教育子女用的《礼仪书》和教会发的《教义问答》。18世纪后期在这类书上经常载有启蒙学者的话。此外，当时的民间说唱艺人也经常把启蒙学者的精彩论述当作唱词去演唱。据记载，有些艺人唱的虽是原有曲调，但却把唱词改成了卢梭著作中的话语。就是通过这些民间喜闻乐见的方式，启蒙思想家那些最重要和最精彩的论述，在普通群众中广泛流传开来。这就为后来的法国大革命做了充分的思想准备。

七

决裂与创新

　　1789 年 7 月 14 日，巴黎街头上熙熙攘攘人头攒动，满怀激愤的民众不断高呼："到巴士底去！"一场攻打巴士底狱的战斗开始了，法国大革命由此而爆发。

　　革命爆发前两个多月，处在风雨飘摇中的封建王朝已濒临财政破产的边缘，被迫于 5 月 5 日召开了已有 175 年不曾召开的三级会议。长期以来，法国实行严格的封建等级制度。天主教教士为第一等级，贵族为第二等级，他们都是占统治地位的特权等级。平民是第三等级，处在被统治、被压迫的地位，其中包括广大农民、城市平民和资产阶级。三级会议就是这三个等级的代表会议。不过，法国的三级会议不同于英国的国会，它没有审议国家财政拨款的权力，只能在开会时首先听取国王的口谕，按着各等级代表分别议论，最后表决时每个等级算一票，所以总是特权等级得势，奉行国王的意旨。后因专制王权强大，完全可以独断专行，从 1614 年以后就不再召开三级会议了。这时因封建王朝已腐朽没落，到了走投无路的地步。1789 年全年财政收入只相当于需要偿还国债的利息，实在维持不下去了，这才又召开三级会议，企图对第三等级施加压力，向他们窃取更多钱财。

第三等级也希望召开三级会议，目的是向朝廷施加压力，要它进行改革，顺应资本主义经济的发展，限制封建特权，尊重人权，实行法治。所以，在三级会议召开前夕，各种宣传品、小册子到处流传。其中，由修道院长西哀耶斯写的《第三等级是什么?》最受群众欢迎，传播最广。西哀耶斯虽然属于享有特权的第一等级，又是高级教士，但是由于接受了启蒙学说而转变了思想，完全站到了被压迫的第三等级一边。他在小册子中说，第三等级就是一切，国家里如果没有了特权等级，人们的日子会过得更好，要是没有第三等级，那就一切都完了，所以，应该由第三等级掌握国家命运。

三级会议就是在这样的气氛下召开的。会议一开始第三等级代表就和特权等级和王权发生了冲突，而且愈演愈烈。6月 17 日，第三等级代表自行聚会，宣布成立国民议会，不再承认三级会议和等级的划分。他们决定仿效英国，在法国也建立君主立宪制，因此要制定宪法。6 月 20 日国王封闭会场，国民议会代表们就到一个室内网球场集会，在主席巴伊率领下，进行了宣誓。这就是法国革命史上著名的"网球场宣言"。誓言说，如果不制定出一部宪法并在国内得以实行，议会决不解散。这就是说，要为建立君主立宪制度而奋斗到底。后来雅各宾派的领导人罗伯斯庇尔也是参加宣誓者之一。

国民议会的举动和誓言中表达的决心，得到了民众的普通拥护。巴黎人民几乎每天都自发地上街集会，讨论时局，支持第三等级代表的斗争。在那些日子里，群情激昂，普通百姓的政治热情从来没有像此时这样高涨。会议在凡尔赛王宫中举行，凡尔赛在巴黎西南的 18 公里处，那里发生的事情随时都会传到巴黎，在群众中引起反响。

由于无法压制国民议会的斗争，国王只得承认它，并下令要两个特权等级的代表都加入国民议会，终结了三级会议的历史。7 月 9 日国民议会改名为国民制宪议会，以体现网球场誓言的精神，明确任务。国王路易十六极为愤怒，便在 7 月 11 日将主张改革的财政总监内克免职，表明了拒绝进行改革的顽固态度，而且还决定调军队来对付制宪议会。这个消息很快就传到了巴黎。7 月 13 日，愤怒的巴黎人民举行了武装起义，接管了市政府，成立了新政府，称常务委员会，而且建立了革命武装国民自卫军。当天晚上，起义民众就已控制了巴黎大部分地区。坐落在巴黎东部的巴士底狱还在国王军队手中，监狱顶上的大炮对准巴黎贫民聚居的圣安东区。这座监狱原是 12 世纪修筑的军事堡垒，后来改为关押政治犯的监狱，在人们心目中就成了封建统治的象征。攻克这座大狱，也成为推翻封建统治的体现。把 7 月 14 日攻克巴士底狱当成法国大革命开始的标志，道理就在这里。

经过激烈的战斗，巴黎人民攻下了巴士底狱，随后就把它夷为平地，形成了巴士底广场，即今天的协和广场。巴黎人民的胜利成为一个燎原的火种。紧接着各大中城市的人民纷纷起来效仿巴黎，接管政府，建立常务委员会和国民自卫军。这一过程被称为"市镇革命"。广大农民也接连暴动，波及全国半数以上地区，在很大程度上摧毁了封建土地所有制，而这种所有制正是整个封建制度的基础。

在短短的时间里，全国形势就发生了天翻地覆的变化。

无可奈何的路易十六只得表示承认巴黎新政权。制宪议会得知后抢先派代表团来到巴黎，受到极为热烈的欢迎。议会主席巴伊当即被选为巴黎市长，素有自由主义声望的拉法耶特侯爵被任命为巴黎国民自卫军司令。数日后路易十六也来到巴黎，表示认可新政权，也受到欢迎。市长巴伊将国民自卫军的红白蓝三色帽徽呈给路易十六，他装作高兴地接了过来。那红蓝两色原是巴黎市的市色，而白色则代表王室，因为路易十六的家族是波旁家族，以白百合花旗为标志。这样就寓意巴黎人民钳制住了王室。

巴黎革命胜利的一个更重要的成果，就是使制宪议会地位大为提高，成了真正的国家立法机构。由三级会议转化而来的制宪议会，其前身是第三等级代表建立的国民议会。特权等级代表加入后改名制宪议会，仍由原来国民议会那些反封建代表人物掌握领导权。其中最著名的活动家有前面提到过的西哀耶斯、拉法耶特，还有朱拉波伯爵、巴那夫、夏白利埃、迪波尔，等等。米拉波虽然是伯爵，属特权等级，但是他接受启蒙思想，早在 1774 年就写了《论暴政》一书，号召人们在国王侵犯人民自由时，就应抵制王命，直到夺取王权。他多次被捕入狱，却坚强不屈，坚持反封建斗争。所以他被两个城市的群众选为第三等级的代表并出席了三级会议。拉法耶特是侯爵，但他曾组织志愿人员到西半球支援美国独立战争，因此战功卓著，华盛顿授予了他象征功勋的宝剑。在东半球的祖国，他也积极从事反封建斗争，属于自由派贵族。因此，他被人们誉为"两个半球的英雄"。巴那夫是平民出身的法学家，后在 1792 年发表《法国大革命引论》一书，从社会经济角度分析了革命爆发的原因和革命的性质。迪波尔则是巴黎高等法院中王朝反对派的首领。罗伯斯庇尔那时还没有多大名望，但也是积极活动者。这些人都进行过网球场宣誓（拉法耶特除外，因他那时还未进入国民议会），忠于誓言，为建立君主立宪制而斗争。后来，罗伯斯庇尔于1792年转变为共和派，其余人都坚持原来的政治主张，他们被称为君主立宪派。

制宪议会的全部活动都是在君主立宪派领导下进行的。这些人都是受启蒙思想熏陶而投身革命的，他们把腐朽的封建制度称为"旧制度"，对其深恶痛绝。因此，他们充满了与旧制度决裂和创立新制度的精神，把破旧立新当成自己的历史责任。制宪议会通过的宪法、法令和各种文件，就是本着这种精神制定的。

顾名思义，制宪议会的职责就是制定宪法。还在三级会议时，第三等级代表就分小组开始起草表明自己政治主张的文件。第六小组起草的文件称人权宣言。网球场宣誓后，明确了这个宣言就是将要起草的宪法的指导原则，于是草拟宣言的人多了起来。巴黎人民攻克巴士底狱后，制宪议会更抓紧了人权宣言的起草工作，提出了很多方案。但是，当时农民的暴动和起义正走向高潮，波及的地区越来越大，所以制宪议会决定从8月4日起紧急讨论农民问题，特别是群众关心的土地问题，暂时把宣言起草工作停下来。

因为农民的斗争如火如荼，来势甚猛，初次当政的制宪议会有些不知从何处入手去解决。8月4日，与会人员多半只是纷纷议论，却没有一致的意见，形不成决议，最后决定晚上继续开会。晚间开会时，诺阿依子爵走上了诗坛。他是来自巴黎的很有名望的富有贵族。然而他在发言中出乎人们意料的声言，农民世世代代受贵族欺压，起来反抗是可以理解的。他提议，那些与土地无关的，只是贵族利用特权而要农民负担的义务，应该一律无条件废除。而与土地直接关联的义务如地租等，则应允许农民用赎买的方式加以废除。他发言后，会场上众人都一下怔住了，随后立刻响起了热烈的掌声和欢呼声。紧接着，夏特莱公爵、维利欧伯爵、夏尔特立教等特权等级的代表纷纷走上讲台发言，表示为了祖国和正义，愿意放弃自己的特权，提出了取消什一税以及狩猎、养兔、养鸽等贵族特权的提案。在掌声和欢呼声中，会议一直开到次日凌晨，在法国革命史上留下了"8月4日之夜"这一受人赞誉的美名。一周之后，由迪波尔根据众人提案拟出了正式法令条文，于8月11日获议会通过，这就是有名的八月法令，是制宪议会颁布的第一道反封建法令。

从18世纪后期法国农民的实际情况来看，压在他们身上的负担主要来自三个方面。第一是国家税收，当时法国政府不向贵族地主征收土地税，而是向在土地上耕作的农民征税，另外还有军役税。贵族则享有免税特权。对农民来说，这一负担最重，约占其全年收入的25%—30%。第二是地主，即封建贵族领主征收的地租和许多人身劳动役等。地租称"贡赋"，这时已不算太重。因为贡赋只收货币，是几个世纪以前定死的数额，写在文件上的。随着几百年来特价的上涨，这种固定不变的贡赋已贬值了，大体上只相当于农民全部收入的18%—20%，个别地方甚至只相当于5%左右。有些地方加收一些实物地租，叫"香巴尔"。而人身义务是较重的，包括为领主修桥补路、家务劳动、节日送礼、使用磨房和葡萄汁压轧器的工具费（农民不准自己设磨房和备有轧汁工具），还要忍受领主狩猎时肆意践踏庄稼,领主养的兔、鸽随意吃地里的粮食,甚至夏日还要驱赶池塘里的青蛙,以免蛙鸣打扰领主的美梦。在收获季节,农民运粮要向领主缴买路费、过桥费。此外还有渡河费、捕鱼费、尘埃费(对农民牲畜走动扬起尘埃所收的费用)等,不一而足,使农民不堪重负。第三是教会什一税。这是自8世纪查理大帝时就定下来的制度,不过这时已不到农民收入的1/10,一般是1/20—1/40。

由此可以看出,农民的地租负担和什一税负担都不算很重。最重的是国税负担,其次是领主利用特权强加给农民的义务,而贡赋(地租)和什一税比前两项轻一些。

八月法令并不仅限于缓解农民的负担,还涉及其他方面。法令的第一句话就是"将封建制度全部废除"。关于废除封建权利即农民的义务方面,宣布把领主司法特权、鸽舍与兔圈特权、狩猎特权、所有的猎区、教会什一税、买卖官职、司法收费制、特权等级免税权、各级政府的特权、各类宗教捐款等,一概无条件废除;贡赋和部分地区的实物贡赋,以赎买方式加以废除,赎买价格待议。法令还宣布,今后一切公民均可担任教会和军政职务,不问其出身门第;全国行政区划和行政制度将重新建立,以宪法和公众自由为准则。

很明显,八月法令是一个较为全面的反封建法令,从根本上将全部封建制度宣布为非法,要完全废除。这里需要解释的是赎买问题。曾有一种说法认为,土地贡赋的废除要由农民赎买,这实际上是很难实现的,是加重农民负担,是对贵族地主的妥协。这种说法是不正确的。恩格斯在《法德农民问题》一文中曾专门谈过这个问题。他说:"我们的党一掌握了国家权力,就应该干脆地剥夺大土地所有者,就像剥夺工厂主一样。这一剥夺是否要用赎买来实行，这大半不是取决于我们，而是取决于我们取得政权时的情况，尤其是取决于大土地占有老爷们自己的行为。我们决不认为，赎买在任何情况下都是不容许的；马克思曾向我讲过（并且讲过好多次！）他的意见：假如我们能用赎买摆脱这整个匪帮，那对于我们是最便宜不过的事情了。"恩格斯说的"我们的党"当然是指无产阶级政党。他与马克思都认为，应该剥夺大土地所有者，这种剥夺可以用赎买的办法去实行，这是"最便宜不过的事情"。但是这要取决于具体的情况，特别是大地主们的行为。由此可见，赎买本身就是实行剥夺的一种形式，而且是"最便宜"的形式。既然连无产阶级政党都可以采取赎买的政策，18世纪末的法国资产阶级为什么就不能呢？而且，8月4日距革命爆发仅20天，整个局势还很不稳定，首要的任务是巩固新政权，不宜采取容易激化矛盾的政策。更重要的是，在"8月4日之夜"，是那些贵族和高级教士的代表争先恐后地发言，主动表示要放弃自己的特权。"大土地占有者老爷们的行为"表明，他们是愿意顺从革命的。在这种情况下，用赎买这种比较稳健的方式去解决问题，无疑是妥当的。

八月法令十分重要。它把与土地没有直接关联的封建权利一概废除了；与土地相关的贡赋则允许赎买，也是废除的形式之一。如果赎买了缴纳贡赋的义务，那么土地就无条件地成为农民的私有财产了。这是对封建土地所有制的彻底消灭。这可是翻天覆地的变化。

通过八月法令之后，制宪议会恢复了关于人权宣言的讨论。代表们逐条逐字地对各个提案进行议论和筛选，最后从众多方案中提取其精华，定下了 17 条，于 8 月 26 日正式通过，全名为《人权和公民权宣言》，简称《人权宣言》或《权利宣言》。这是法国大革命的纲领性文件，是制定宪法的指导思想，也是创立新制度的立国原则。

宣言首先强调"自然的、不可剥夺的、神圣的人权"，宣布在权利方面"人们生来是而且始终是自由平等的"。宣言把人权的基本含义界定为"自由、财产、安全和反抗压迫"这几项权利，是很全面的。重要的是，宣言根据卢梭的学说，肯定了人民主权原则，宣布主权主要依靠国民。为此，对公民的自由权必须予以保证，这包括议论、出版、信仰等自由。

宣言还强调实行法治，明确提出"法律是公共意志的体现。全国公民都有权亲自或经由其代表法律的制定"。宣言郑重宣布，法律高于一切，不允许存在高于法律的权力。"在法律面前，全体公民都是平等的。"同时，在担任官职方面，公民也拥有平等的权利。

宣言的另一项重要内容是明确了财产权原则，宣布"财产是神圣不可侵犯的权利"。还规定一切人都要"纳税平等"。

《人权宣言》是制宪议会正式通过的，是法定的国家文件。它把启蒙运动中关于政治民主方面的学说，尤其是孟德斯鸠和卢梭的学说，用法律肯定下来。原来只是一种思潮、一种观念，这时变成了带有强制性的必须遵守的律条。原来宣传的人的自然权利，这时也变成了受法律保护的公民权利。这都是《人权宣言》的贡献与意义。

这里还要特别提到，宣言把私有财产权列为神圣不可侵犯的权利，按照多年来传统的说法，这是资产阶级局限性的表现，它害怕群众。其实这样说是缺乏依据的。首先，私有制本身有个发展过程。在资本主义之前，古代社会把土地看成是重要的财富。那时基本上都是贵族拥有土地，而这土地又是国王封赏的，要对封君负有义务。反过来，封君对封臣就有权利。权利和义务都是土地分配中的附加条件，也就是说，这种私有制并不是最发达的私有制。资本主义的私有制是没有附加条件的绝对私有制，这是私有制发展史上的进步。商品经济、市场经济需要这种在所有制上的自由。

其次，当时不断侵犯资产阶级私有财产的，并不是普通群众，而是封建势力。18 世纪前期曾发生政府大量逮捕金融家的事情，借口是打击高利贷活动，要向这些金融家罚款 2 亿锂（是一种将近 5 克重的银币，从革命后期起改称法郎），后因多数查无实据，只得草草了事，只敲诈了 1500 万锂。这不是利用政府权力侵犯私有财产吗?! 还有，封建王朝财政长期支出，从 16 世纪以来便有借国债的做法。18 世纪后期更出现严重的财政危机，需要加大借债数额。但是许多银行担心政府缺乏偿还能力，不肯出借。政府便采取强行借贷手段，动不动就借故封闭银行，强逼银行借钱给它。当时最大和资金最雄厚的巴黎贴现银行，就曾多次被封门，损失惨重。至于以各种过时的借口对商家罚款、没收货物的现象，就更是屡见不鲜。而当时的下层群众因饱受封建制度的压迫，反封建意识十分强烈。他们与资产阶级同属第三等级，那时不仅还没有形成反资本主义的意识，而且在更多的情况下是雇工、学徒等与老板一起上街去参加革命斗争。

在这种情况下提出的"私有财产神圣不可侵犯"的口号，决不是资产阶级害怕群众而表现出来的局限性，而是一个符合时代要求的反封建口号。

制宪议会于 1789 年 8 月这短短的时间内所通过的八月法令和《人权宣言》，完全体现了决裂与创新的精神。八月法令宣布全部废除封建制度，《人权宣言》创造性地明确了今后借以立国的基本原则。这一破一立，就是除旧布新，使法国社会的性质发生了根本变化。

不过，封建势力不会甘心失败，国王路易十六就拒绝批准八月法令和《人权宣言》。后经制宪议会据理力争，他勉强批准了八月法令，却决不肯接受《人权宣言》。这使巴黎人民十分不满。这时，正遇上巴黎食品短缺，家庭主妇们要在半夜里就去面包房排队，才有可能买到一些面包。由于人多拥挤，人们就找来一条长绳子，大家分先后都握住绳子，也就成了有序的一排。所以那些天人们把排队买面包称为"拉绳子"。这些"拉绳子"的人们纷纷抱怨日子不好过，而且大多数人都认定，这种困难局面是王室搞的阴谋。已有人挖苦地把国王、王后、王子比作"面包房老板、老板娘和小老板"。就在这时，传来了国王夫妇调军队平息民众斗争并在王宫宴请军官的消息。那是在 10 月 5 日清晨，"拉绳子"的人们听到消息后立时大怒，很快就作出决定，到凡尔赛宫去找国王理论。这些妇女们的勇敢行为得到了她们父兄和社会各界的支持。于是，一支妇女占多数的群众队伍浩浩荡荡地向凡尔赛宫开去。一群普普通通的家庭之妇，居然要闯进王宫去直接与国王论争，这在以前是根本无法想象的。这件事真切地反映了人们在经历精神觉醒之后，已告别了旧我，唤发了全新的意识观念。正是这些人在 10 月 6 日凌晨冲进王宫，迫使国王、王后到阳台上和群众见面。在国王批准了《人权宣言》后，群众仍不肯撤离，坚持要求整个王室迁往巴黎，而且刻不容缓。在强大的压力下，当天下午王室就随群众到了巴黎，住进土伊勤里宫。巴黎人民进军凡尔赛，迫使王室迁到巴黎这件事，不但将国王一家置于巴黎人民的监督之下，而且大大提高了巴黎作为革命中心的地位。后来，革命局势的变化，重大决策的实行，都是在巴黎决定并推至全国的。在这个事件后，制宪议会也很快迁到了巴黎。

这时的巴黎正热火朝天，群众的革命情绪极度高涨。街头上到处可见群众的自发集会，新创办的报纸如雨后春笋般出现，大批群众自发组织团体从事革命斗争，男女老少几乎都处在亢奋状态之中。

在众多的革命团体中，雅各宾俱乐部是最重要的一个。它的前身是三级会议期间形成的。那时，一部分第三等级的代表常在会下聚会，商讨下一步如何做。这种聚会类似正式会议之前的预备会。久而久之便定型了，还为它起了"布列塔尼人俱乐部"这么个名称。在制宪议会随王室迁到巴黎后，该俱乐部就选定圣奥诺雷街上的雅各宾修道院作为活动地点，正式名称为"宪法之友协会"。但是一般人都根据其活动地点称其为雅各宾俱乐部，后来通称雅各宾派。此外还有哥德利埃俱乐部、社会俱乐部，等等。

在巴黎这种炽热的革命氛围中，制宪议会又通过了一系列反封建法令。这些法令大致可分三类。

第一是改组政权机构，本着君主立宪制和三权分立的原则，规定立法权归民选的立法议会，行政权归国王，司法权归法院，由法官选举产生。同时还废除了长久以来交错并存的省和各类区的划分，将全国统一划分成人口与面积大体相当的 83 个郡。

第二是废除等级制度和改造特权等级的法令。制宪议会没收了天主教会的一切财产，很快又作为国有财产出售。同时还颁布了教士公民法、教士宣誓法等，规定神父在传教时，必须在教堂里宣读和讲解制宪议会的法令；停止法国教会与罗马教廷的关系；教区按行政区划分；主教按郡设主，要由选举产生。这实际上已把第一等级打倒了。对于第二等级贵族，法令直接宣布"永远废除世袭贵族制"，亲王、公侯、伯、子、男、骑士等这些爵号头衔统统予以废除，取消了等级制度后，大家都成为公民，而公民只准使用家族的真名实姓。

第三是扫清障碍，促进经济发展的法令。议会明令取消行会制度、工业法规、国内税卡和商品入市税等阻碍经济发展的规定，取消了法国东印度公司的贸易垄断权，取消与赛商团对利凡特地区（地中海东部沿岸）的贸易特权。另外，在税收政策上制宪议会也作了改变，规定土地税应由土地所有者缴纳，不再向耕作者征税。议会关于动产税、取消消费税和征收营业税的法令，都体现了重农学派的经济学理论，把税务重担放到了土地所有者身上。

从以上各方面来看，凡属决定国家性质的最基本的制度和观念，都发生了天翻地覆的变化。这是一次全方位的社会改造。法国人民对于革命在初期就取得这么大的成就而欢欣鼓舞。制宪议会的所有法令，都是在《人权宣言》的原则指导下制定的。八月法令、《人权宣言》破旧立新，体现了与旧事物决裂和开创新制度的原则，当时的人们亲切地称它为"八九年原则"。

　　1790 年 7 月 14 日，即革命一周年之际，在巴黎举行了象征全国团结的结盟节庆典，并决定每年 7 月 14 日都要举行。全国各地选派国民自卫军代表到巴黎来参加盛会。会址定在巴黎西部的马斯校场。那里坑洼不平，四周布满了果园。为平整场地，搭建"祖国祭坛"和布置环境，1.5 万名工人日夜加班仍难以完成，到会期前一周，一名国民自卫军战士在报纸上发表一个建议，请巴黎市民参加劳动。这个消息很快传开，巴黎几乎倾城出动，经过几天义务劳动，奇迹般地将会场修葺一新。

　　在开会那天，约 40 万群众前来观礼，情绪热烈非凡。路易十六也不得不出席庆典。会上，奥顿主教塔列朗主持在场的教士们为祖国做了祈祷。塔列朗是极有政治头脑并老谋深算之人，后成为近代最出色的外交家之一。教士祈祷后，拉法耶特带领国民自卫军列队举枪，进行了效忠于宪法的宣誓。路易十六也走上台去，宣誓他也忠于宪法。全场激动地高呼："祖国万岁！""国王万岁！"这一场景足以说明，广大群众是拥护革命，并对制定议会取得的成就是很满意的。

　　人们在结盟节庆典上纷纷宣誓效忠于宪法，其实此时宪法还没有制定完成。人们为什么要对还没制定出来的宪法宣誓呢？其中一个最重要的原因，就是制定议会颁布的数以百计的决议和法令，本身就是宪法的组成部分。议会在制定过程中，每完成一部分，就先以法令形式颁布执行。这种把制宪赛程同时当成改造法国社会过程的做法，是一种创新。群众拥护已颁行的法令，对宪法也就充满了信心。另外，议会已公开明确规定，《人权宣言》是宪法的前言，也是宪法的首要组成部分。既然宪法体现《人权宣言》的精神，人们争相宣誓效忠也就不足为奇了。况且那时宪法的框架已明朗，实行依法治国的君主立宪制，按三权分立原则设立权力机构，公民享有各种自由权利，如此等等。

结盟节过后，议会更加紧了制宪工作，对已确认的条例逐一讨论与修改。1791年进入定稿讨论阶段，到9月3日通过，名为《法兰西宪法》。不过历史上大都习惯称它为"1791年宪法"。这部宪法完全贯彻了《人权宣言》的精神，全面体现了"八九年原则"。宪法宣布法国是代议制的王国，"代议"是指由议会代表全体国民来议政；"王国"表示保留君主制度。这等于是说，要实行君主立宪制。这也是在网球场宣誓时确定下来的。

宪法把已颁行的各项除旧布新的法令内容都包括了进来。在涉及三权分立和各机械组成的条款中，又规定议会每两年改选一次，国王无权解散议会，国民代表不可侵犯。顺便说一下，在法国大革命时期，各层议会，包括制宪议会、立法议会、国民公会等的成员，都称为国民代表，而不称议员。这是为了体现主权在民的原则。在宪法中特别设了"王位与国王"一节，明确规定："没有比法律更高的权力；国王必须依据法律治理国家，并且只能依据法律才得要求服从。"同时还规定了好多条标准，如果违犯，就要取消国王的王位，例如即位时必须宣誓忠于国家和法律，不宣誓或违背誓言，就必须放弃王位；离开国家又不按议会要求按时回国，即被视为放弃王位；还规定，国王任命的大臣要向议会报告工作，议会有权控告大臣。这实际上是在暗示，内阁要对议会负责，算得上是责任内阁制的雏形。

1791年宪法是法国历史上第一部宪法，也是近代世界第二部成文的资产阶级宪法，美国的1787年宪法是第一部，而英国始终没有制定过宪法，有很多事都按习惯法办理。

从颁行八月法令到完成宪法的制定，前后不过两年时间。可以说，在君主立宪派领导下，制宪议会的工作效率是极高的。在这两年里，革命摧毁了专制王权，废除了封建等级制度和各种违背人权及阻碍生产力发展的制度、法规和政策；创立了全新的立国原则，建立了体现人权的国家政治体制，颁行了促进经济发展的政策与法令，形成了群众参与和舆论监督的民主政治氛围，使整个国家与社会的面貌焕然一新。革命前人们预定的目标，基本上实现了。这是根本性的巨变，是历史上的转折点。君主立宪派作为革命的开创者和前期的领导者，立下了不可磨灭的历史功勋。

八

恐怖年代

　　面对革命的发展，封建势力怎能甘心？他们怀着仇恨的心情，想尽一切办法进行反抗与破坏。一批顽固派贵族逃亡出国，企图勾结外国势力扑灭革命。逃亡者中包括国王的二弟阿图瓦伯爵、两名皇姑和几名亲王。国内一些反动贵族和高级教士在民众中煽动，把革命者比喻为邪恶的魔鬼，怂恿人们特别是偏远农村中不明真相的农民起来造反。

　　1791年6月20日夜间，国王路易十六、王后玛丽·安托瓦内特和王子小路易，以及大王弟普罗旺斯伯爵，偷偷化装出逃。普罗旺斯伯爵策马北上，逃到了南尼德兰（今比利时）的布鲁塞尔。他就是后来在法国复辟的国王路易十八。国王、王后、王子则乘坐王后的情夫、王宫侍卫队长事先给他们打造好的坚固的马车向东逃去，结果在靠近边界的瓦伦镇被一名驿长认出，阴谋败露。当地群众和国民自卫军把他们斩送回了巴黎。

　　在巴黎，当6月21日早晨发现国王已逃跑之后，全市群众立刻都耸动起来。有很多人感到担心：既然连国王都反对革命，那么革命真的能够成功吗？另外有大批积极投身革命的群众则非常愤怒，认为国王背叛革命又背叛组织，是不可饶恕的反革命头子，提出了废除君主制，建立共和的要求。一批群众冲进王宫，更有许多人将街道上路易十六的雕像毁掉或遮盖起来，还除掉了建筑物上"国王""王后"的字样。哥德利埃俱乐部起草了给制宪议会的请愿书，直接提出了建立共和制的要求。许多报纸也纷纷刊登了指责国王以及实行共和制的文章和报道。比较突出的有社会俱乐部的《快嘴报》、后来成为吉伦特派领导人的布里索主编的《法兰西爱国者报》，以及《巴黎革命报》《革命之友报》《人民演说家报》等。共和运动由此兴起。

　　一年之前在结盟节庆典上，人们还曾高呼"国王万岁"，不满一年之后又提出了打倒国王，废除君主制和建立共和国的要求。这再一次说明，法国革命者和群众是以革命利益为首要准则的，违背了这一准则，就要坚决地扬弃，另建新制度。这又是决裂与创新精神的体现。

　　刚发现国王逃跑时，制宪议会担心他逃到国外会立刻勾结外国来进攻，那就要打仗。可以当机地发出紧急命令，要全国的武装力量封锁边境，防止一切货物、货币、武器、车辆、马匹和粮食外流。还命令：如发现王室人员立即扣留，可以采取一切必要的手段。议会还派人检查全国各军营和军事要塞，并以议会名义接受军队的宣誓。同时又下令监视或软禁国内的贵族及反抗派教士。反抗派教士即指拒绝宣誓忠于宪法的教士。议会在发布给全国人民的宣言中强调，缔造自由的人是大无畏的。法兰西必将获得自由，"谁也休想奴役这块土地！等待暴君的只有失败"。

在得知国王被拦截并正在被押回巴黎时，制宪议会又认真进行了思考和讨论。他们在慎重讨论后认为，如果处置了路易十六，建立共和制度，将会招致外国的武装干涉，而法国目前的状况还无法进行一场战争。另外，网球场宣誓和刚确立的"八九年原则"，以及即将完成的宪法，都明确要建立君主立宪制，怎能突然废除君主制、建立共和制。因此，他们决定保留路易十六的王位，但是要他暂时停职，直到他批准宪法为止。当时，在社会上影响最大的雅各宾俱乐部也不赞成废除君主制，没有参加共和运动。它的正式名称"宪法之友协会"中的"宪法"，就是指 1791 年宪法。此后，制宪议会抓紧宪法定稿工作，于 9 月 3 日完成并通过。

这时，路易十六受到共和运动冲击，又处在停职状态中，还惊魂未定。他虽然心中恼恨，但还是在 9 月 14 日签字批准了宪法。制宪议会当即宣布宪法生效，并开始按宪法规定进行立法议会的选举。

至此，制宪议会已完全实现了当年的网球场誓言。他们作出了一个令人感佩的决议，那就是制宪议会的全体成员一律不竞选进入将要召开的立法议会。这个决议在当时就引起很多人的惊讶。君主立宪派这一批人是革命的开创者和领导者，为全面改造法国立下了丰功伟绩，而且经过革命前后数年的斗争积累了丰富的经验，为什么在确立了"八九年原则"这样好的形势下都隐退了呢？事实也是如此。他们不进入立法议会，完全换成没有经验的人去领导国家，对革命确实会产生不利的影响。但是，最值得世人看重的，是这些革命者的信念。他们坚信决定革命兴衰和国家命运的，不是依靠哪些人来掌权，而是制度和法律。只要有好的制度和好的法律，就能制约执行的人。只要认真遵守和执行这些法制，国家就能昌盛。他们对自己领导建立的制度和制定的宪法是充满信心的。另外，这种引退的决议还表明，这些人冒着巨大的风险进行反封建斗争，并不是要为自己争权夺势，而是为了国家的昌盛，为了人的自然权利，一句话，为了建立理性社会。这体现了一种立法为公的精神。

可是，由于君主立宪派在民众中享有很高的威信，虽然制宪议会的成员没有进入立法议会，但其他的立宪派成员仍然在选举中获得大量选票，在新的立法议会中占有了主导地位，席位超过1/3。他们仍坚持君主立宪派的主张，推行较为实际的稳健政策。与他们对立的是雅各宾派的代表，主张用更激进的政策推进革命。这一派的代表人物是布里索。他主编的《法兰西爱国者报》在共和运动中发挥了重要作用，所以当选为立法议会代表。和他观点一致的有一批来自吉伦特郡的代表，如维尼奥、让索内等。后来他们就被称为吉伦特派，不过当时还都属于雅各宾派。雅各宾派代表中还有极少数人是极左派，但因人少而作用不大。他们的座席在会场的高处，所以又被称为"山岳派"。山岳派的领导人是未进入立法议会的罗伯斯庇尔，那时在雅各宾俱乐部中活动，已很有影响。在立法议会中雅各宾派居于少数，席位不过1/5。余下人数最多的代表是摇摆不定的中间派，总是向较为得势的一派靠拢。

立法议会一召开就面临着两大难题。一是物价飞涨，群众掀起了要求限价的运动，社会动荡；二是许多欧洲君主国纷纷责难法国革命，扬言要进行武装干涉。第一个问题毕竟是国内的问题，而第二个问题涉及外国，如果对法国发动武装进攻，那就要打仗，关系到国家的命运。因此，立法议会首先讨论了如何对待外国威胁的问题。

由于法国过去曾与欧洲不少国家打过仗，所以当法国爆发革命时，许多欧洲国家幸灾乐祸，暗中为法国发生"内乱"而高兴。但不久却发现，法国大革命气势磅礴，民众意气风发，国家面貌焕然一新。这时各国统治者又担心起来，生怕本国民众效法，也起来进行反封建斗争。于是，他们纷纷出面责骂法国革命者，表示对法国王朝的支持。俄国、瑞典、西班牙、奥地利、普鲁士、意大利的撒丁王国，等等，都发出了这样的叫嚣。其中，奥地利和普鲁士两国的君主走得更远，他们于 1791 年 8 月 27 日在庇尔尼茨发表联合宣言，声称愿为维护法国国王的权力及王国政府而提供武装力量。当时，路易十六夫妇非常希望借助外国武力扑灭革命，恢复专制权力，曾与各国君主暗中通信，吁请他们进行干涉。

面对这一严重的形势，立法议会展开了一场大辩论。君主立宪派主和，认为革命已取得巨大成果，来之不易。在国家缺乏任何准备的情况下，进行战争是无端的冒险。目前外国只是虚张声势，不会立刻进攻。以布里索为首的吉伦特派是主战派，认为欧洲的暴君们企图扼杀法国革命，一切爱国者都应奋起抵抗，打败暴君。在吉伦特派所属的雅各宾俱乐部里，以罗伯斯庇尔为首的一派人则反对匆忙开战，认为主要的危险在国内，应首先肃清国内的反革命势力。这样，罗伯斯庇尔和布里索两派人在俱乐部中争论了数月之久。在议会中布里索一派与立宪派的争论也很激烈。

路易十六急于挑起战争以实现其阴谋，便决定利用主战的吉伦特派。1792年3月,他宣布改组内阁,免除了几名立宪派的大臣,任命吉伦特派的罗兰等人担任了内政大臣和财政大臣,又任命亲近吉伦特派的迪穆里埃为外交大臣。当时,民众的爱国情绪高涨,支持吉伦特派。在这种情况下,路易十六以"爱国"的名义煽动议会于4月20日通过了宣战的决议,战争开始了。虽然是法国首先宣战,但是对法国来说,这仍是一场保卫祖国、反对外来干涉的正义战争。开始时是与奥地利宣战。7月普鲁士军队也加入了战争。

正如君主立宪派所料,法国没有做好战争准备,开战后法军就节节败退,形势十分不利。路易十六心中暗喜,而且认为吉伦特派内阁正竭尽全力要扭转战局,已失去利用价值,就在6月把3个月前新任命大臣免职。这激起了群众的愤怒。6月20日,巴黎2万多群众举行大示威并冲进王宫,高呼:"召回爱国者大臣!"他们当面指责路易十六欺骗群众。这样,群众掀起了第二次共和运动的高潮。全国各地纷纷发来请愿书,要求废除王权。

上一节曾提到,每年7月14日都要举行结盟节庆典,1792年应是第三届结盟节,前来参加庆典的各地国民自卫军代表正陆续来到首都。原来坚持君主立宪制的罗伯斯庇尔和马拉等,这时也转变为共和派,他们以及优秀的革命家丹东等,积极在群众中进行鼓动,领导了共和运动。6月间重新组建的君主立宪派内阁看到,自己已很难控制局势,于7月10日宣布辞职。7月11日,立法议会通过决议,宣布"祖国在危险中",号召人民组织义勇军抗击敌人。各地群众积极响应,迅速建立义勇军奔赴首都,准备前往前线杀敌。这样,巴黎群众、来到首都的义勇军和参加庆典的国民自卫军代表会合，共和运动迅猛壮大起来。

当时，马赛市义勇军一路高唱着《莱茵军战歌》（又名《献给吕克内元帅》）来到首都。这是法国东部期待拉斯堡市市长为了给本市国民自卫军代表壮行，请当地一名驻军上尉卢日·德利尔创作的。在那里驻守的是吕克内元帅统领的莱茵军团。这首歌激昂慷慨、波澜壮阔，既鼓舞士气，又悦耳动听。经一名音乐家将它传至马赛，受到义勇军喜爱，便高唱着来到巴黎。巴黎人从马赛人那里第一次听到这首歌，便称之为《马赛曲》。1879 年，《马赛曲》被定为法国国歌，相沿至今。

这时，吉伦特派在议会中已开始直接抨击王室，指出法国一切灾难的根源便是宫廷。在社会上，共和运动热火朝天，已明确提出，不仅要推翻君主制，而且还要解散立法议会，改行普选制，选举新议会来领导革命，保卫祖国。到 8 月初，巴黎各区群众已开始准备武装起义。圣安东区的盲人院教区在 8 月 4 日公开宣布，如果立法议会到 8 月 9 日晚 11 时还不作出废除君主制的决议，那就立刻起义。其他各区随即表示支持。

9 日晚 11 时，议会果然没有作出任何决议，1 小时后法兰西剧院区就敲响了警钟。10 日凌晨起义便开始了。聚焦在市政厅的 28 个区的代表立即接管了市政权，宣布成立巴黎公社，又称起义公社或革命公社。公社就是新的巴黎市政府。后来 1871 年无产阶级建立的巴黎公社，其名称就是从 1792 年的公社学来的。巴黎公社任命桑泰尔为新的国民自卫军司令。他立即带领战士们参加起义，攻打王宫。经过十分激烈的战斗，最后攻下了王宫。那时国王一家已跪到立法议会请求保护。不久，巴黎公社代表团也来到议会。在武装群众的压力下，议会通过决议，将国王一家囚禁于丹普尔堡，以普选方式选举国民公会。起义胜利了。

8月10日起义在法国第一次推翻了君主制，将革命推进到一个新阶段。起义后成立的新内阁由6人组成，除司法部长丹东属雅各宾派之外，其余5人均属吉伦特派。普选产生的国民公会于9月21日开幕，吉伦特派占主导地位。开幕当天公会就通过决议，废除君主制。次日即22日，又决议成立共和国。这就是历史上的法兰西第一共和国。

从1792年8月10日起义胜利到1793年5月，政权掌握在吉伦特派手中。吉伦特派是比君主立宪派更激进的政治派别，是第一个掌权的共和派。在他们的领导下，采取了许多比以前更激烈的反封建措施，其中最突出的是一连串新的土地法令。他们下令将没收来的逃亡贵族土地分成小块无限期租给农民或卖给农民；对原来八月法令规定要赎买的封建义务，也就是直接与土地联系的缴纳贡赋等义务，法令要求领主必须出示其拥有土地的原始文件，否则就不再赎买，全部废除。那些原始证据都是若干世纪以前发给的，经过数百年，绝大多数领主已丢失了。所以这等于在绝大部分土地上废除了这些义务，使农民成为土地的所有者。他们发布的法令，天头上取消了"以国王名义"的字样，一律改为"以国民名义"；加盖的国玺上刻有手持长矛的自由女神像，还印着"以法兰西民族的名义"的字样。

但是，以罗伯斯庇尔为首的山岳派对吉伦特派掌权十分不满，认为他们保守，不够激进，甚至毫无根据地骂他们是"伪爱国者"、"阴谋家"。吉伦特派把山岳派及其领导的巴黎公社也视为眼中钉，说他们是"无政府党"，其首领是"霸道的、血腥的"。这样，这两个本来都是革命的派别，却成了冤家对头，互相攻击，不惜使用造谣污蔑的手段，结果只能削弱革命阵营的力量，客观上有利于封建势力。

就在他们相互间斗个不停的时候，原已存在的群众限价运动又迅速高涨起来。原来，从战争爆发以来，那些地主、富农和投机商们便趁机发国难财、囤积居奇、哄抬物价，搞得民不聊生，一个工人一天的工资只够买两磅面包，根本无法养家糊口。广大群众忍无可忍，为了生存，便掀起了要求限制物价和打击投机商的运动。他们冲进商店，强迫店主按照他们规定的正常价格出售货物。还发生过劫粮车、劫运输肥皂的船只之类的事件。运动在全国范围内展开，愈演愈烈。

在国民公会中，吉伦特派和山岳派都反对限价，因为他们都信奉启蒙运动中宣传的经济自由的原则，认为由政府下令管制物价违背了这个原则。可是，那时正处在特殊的形势下，外有敌人进攻，内有反革命势力破坏，要想保卫祖国和维护革命成果，只有去联合群众，与敌人决一死战。而要联合群众，就必须满足群众最起码的要求。那时群众最普遍、最迫切的要求就是限价和打击投击商。如果做不到这一点，连群众的生存权都不给予支持，又怎能联合他们去抗敌呢？然而两大派别还只顾互相争斗，甚至在 1792 年 10 月公开分裂，吉伦特派被开除出雅各宾俱乐部，使执政的吉伦特派和影响巨大的雅各宾派形成敌对的状态，从而使革命的形势越来越严峻。到 12 月 8 日，对立的两派居然在国民公会中共同通过一个法令，宣布要以死刑对付要求粮食限价的人。这更激怒了人民。

1793 年 3 月，形势突然恶化。在国内，西部旺代郡发生了王党武装叛乱；在国外，以英国为首，7 个国家组成了反法同盟，从四面八方向法国攻来。在这种紧急情况下，雅各宾派的态度有了一定转变。他们为了联合群众，开始赞同粮食限价。在他们的积极活动下，国民公会于 1793 年 5 月 4 日通过了相关的法令。而吉伦特派仍然坚守经济自由原则，而且还在国民公会中设立"十二人委员会"，对雅各宾派和主张限价的人进行迫害。这就使他们失去了民心，注定了倒台的命运。1793 年 5 月 31 日至 6 月 2 日，巴黎人民再次举行武装起义，推翻吉伦特派，雅各宾派掌握了政权。

雅各宾派在掌权之初，采取了更坚决的反封建措施，接连颁布三个土地法令，规定将逃亡贵族的地产分小块卖给农民，地价分 10 年缴齐；与土地相关的封建义务一概无条件废除，即使领主有原始证件也予以焚毁。他们还制定了新宪法，体现了卢梭的学说，宣布以民主精神治国。但是，他们仍然信奉经济自由原则，不肯全面限制物价，原来颁布的粮食限价法令也没有认真执行。因此，生活极端困难的广大群众继续进行斗争，不但坚决要求全面限制生活必需品的物价，而且强烈要求实行革命的恐怖政策，用严厉的恐怖手段打击反革命势力和投机商人。对此，雅各宾派是反对的。到 1793 年七八月间，形势再度严峻起来，这才又迫使雅各宾派转变了态度。

从 7 月下旬到 8 月，前线形势迅速恶化，反法同盟军队攻入法国领土，占领了许多地方。8 月底，南方大港土伦又被英国海军攻下。这个消息于 9 月初传到巴黎。忍无可忍的巴黎人民于 9 月 4 日和 5 日接连举行武装示威，手持武器到国民公会请愿。那时领导巴黎公社的是埃贝尔派，他们支持和领导了示威运动。分社检察长肖梅特代表示威群众在国民公会发表演说指出，必须全面限价，"把恐怖提上日程"，成立负责征集粮食和打击投机商的"革命军"，加快审判程序，严惩反革命分子，等等。在武装群众威胁下，又迫于战争失利的压力，国民公会于9月5日接受了群众的各项要求。随后，正式制定了各项恐怖政策。

从9月5日到10月上旬，第一批恐怖政策制定出来，包括经济恐怖和政治恐怖两大方面。经济恐怖的代表性法令是粮食低价法令和生活必需品全面限价法令，限定了40种商品的价格，违犯法令的人一律逮捕，予以严惩。实际上多半要上断头台。同时还有一些相配合的法令，包括建立"革命军"，以武装手段征粮和打击投机商。埃贝尔曾说，革命军所到之处，断头机随即运到，"没有神圣的断头机怎么行呢?!"此外还有无偿征发军需物品的法令，凡前方作战所需物资，均可无偿地向富人征发。罗伯斯庇尔的主要助手圣茹斯特，就曾在斯特拉斯堡向富人征发床铺供伤员使用，又征发上衣和靴子，甚至直接从脚上扒下来。

政治恐怖的代表性法令是《嫌疑法令》和《革命政府法令》。前者将贵族、反抗派教士及其家属列为嫌疑犯，将言行不利于共和国的人，甚至是对革命表现不够热情的人，也列为嫌疑犯。一旦被视为嫌疑犯，就一律先逮捕关进监狱，等候审判。此前已改革了审判程序，审判速度提高了三倍。革命政府法令规定，整个国民公会暂行革命政府职能，其所属的救国委员会将内政、外交、财政、军事等大权集于一身，成为最高的专政机关，还有权逮捕国民公会代表。救国委员会是整个恐怖统治的枢纽,罗伯斯庇尔是实际上独掌大权的领袖,圣茹斯特是他的主要助手。此外,还有权力也很大的治安委员会,负责全国治安保卫工作,可以自行决定逮捕任何人。为了全面推行恐怖政策,设立了特派员制度。由中央派往各地和各军营去的特派员代表中央,有权判处任何人死刑,有权任命或解除地方和军队中的一切官员职务,也有权逮捕或释放任何人。当时,各大中城市的街道中心都立起了断头台,每天都有不少人在断头台上被处死。

不难看出,恐怖统治是严厉的,有很大的威慑力量。大批反革命分子和不法的投机商被镇压了,物价基本上被限定,币值在迅速回升,民众生活得到改善。因此,群众的革命热情重新燃起,到 1793 年年底,国内叛乱被平息;1794年年初,外国武装干涉军全被赶出国土,法国革命军队已反攻到敌国领土作战了。恐怖统治发挥了巨大作用,在几个月时间里就完成了拯救祖国、维护革命成果的历史使命。

恐怖政策在本质上是一种战时措施,决不是正常的国家秩序。那些受到打击的投机商也是资产阶级的组成部分。时常被无偿征发物资的富人也是资产者。资本主义经济的正常运转必须有良好的投资环境,不能受到多方面的限制。在国难当头的战争时期,资产阶级暂时忍受了恐怖统治的各种限制和打击,但是在危机解除之后就无法继续下去了。法国大革命是一场资产阶级革命,最终目的是建立资本主义社会。我们不能想象,一个资本主义国家怎么能长期限制和打击资产阶级本身!另外,正像本书第一节所述,资本主义社会里所需要的是法制国家,以三权分立代替集权专制,在法律面前人人平等,公民享有自由权利。而恐怖统治由救国委员会高度集权，特派员在地方上生杀予夺，性格内向、热情不足的人要被定成嫌疑犯，稍有不慎就可能上断头台，这一切与资本主义社会的正常秩序是全然违背的。综上所述，恐怖统治虽然功劳巨大，但是只能在国家危亡关头临时性地采用，一旦完成了使命就必须及时终止。否则它很快就会走向反面，阻碍社会发展，危害国家、民族的利益。

当时，以丹东为首的一派人已敏感地看到，恐怖统治该结束了，不应再滥行杀人，提出了"珍惜人类鲜血"的口号，主张恢复法制，同时恢复经济自由。因此，他们被称为"宽容派"。这些主张无疑是正确的。而埃贝尔派却恰恰相反，不但反对宽容，而且还主张进一步加强恐怖，甚至提出消灭一切商人，包括"卖胡萝卜的商人"，说富人"活着毫无意义"。掌权的罗伯斯庇尔一派人，原先是反对恐怖也反对限价的，后来才被迫接受群众的要求。但是，罗伯斯庇尔似乎在恐怖统治期间从大权独揽、一呼百应的环境中品味到了权力的"甜头"。他虽然放宽了经济恐怖，但却加强了政治恐怖。在他坚持下国民公会于 1794 年 6 月 10 日通过的牧月①法令，竟然规定可以不凭证据"推理"判罪，而且不论大罪小罪一律处以死刑。于是被处死的人大量增多。以巴黎为例，在牧月法令前 8 个月，平均每周处死 32 人；实行该法令后，每周上断头台者猛增至 196 人，而且其中普通群众占 40% 以上。巴黎街头鲜血流淌，搞得人人自危。恩格斯在谈到这一情况

---

①　1793 年 10 月国民公会决定废止公历，实行共和历法。共和历一年仍分 12 个月，每月 30 天。因崇尚自然，就借用一本话语集中的名称，将 12 个月依次命名为葡、雾、霜、雪、雨、风、芽、花、牧、获、热、果。历法以 1792 年 9 月 22 日共和国成立日为共和元年元旦。每年余下的 215 天称"无套裤汉日"。

时说，恐怖统治被罗伯斯庇尔当成保护自己的手段，从而变成了荒谬的东西。

罗伯斯庇尔是一位伟大的资产阶级革命家，一直站在革命运动的前列，领导群众的斗争。但是，他过于主观，在恐怖年代中又迷恋权力，从而做出了荒谬的事情。他先后把埃贝尔派、丹东派的主要人物都送上了断头台，又肆意加强政治恐怖，使自己越来越孤立。1794 年 7 月 27 日，即共和二年热月 9 日，国民公会中反对他的各派力量联合发动了热月政变，将他推翻，随后就把他这一派人也送上了断头台。他后期的行为并不能抹杀他一生的重大贡献。

热月政变后，掌握政权的被称为热月党。这只是个习惯的称呼，其实他们并非是一个政党，而只是所有反对罗伯斯庇尔的各派人物的暂时联合。热月党内既然包括各派人物，所以政见并不一致。但是其中起主要作用的是丹东派即宽容派的残余力量，这时被称为"新宽容派"。在他们的领导下，国民公会通过一系列法令，结束了恐怖统治，朝着恢复正常秩序前进了一大步，这是应该肯定的。

这时，法国大革命的高潮已经过去，面临的最主要的任务是维护和巩固革命的成果，在此基础上谋求进一步的发展。然而，热月党内部意见分歧，又缺乏威望很高的领袖人物，难以应付当时的各种问题，局势一直不稳定。在历史上，一次大的革命冲击过后，必须建立起稳定的局面，才能巩固革命成果。而当时法国的局势却很混乱。自 1789 年革命爆发以来，法国人民经历了君主立宪制、共和制、恐怖年代、热月党执政，又经历了镇压内部叛乱和抗击外国干涉军的严酷的战争。为了这一切，人民群众赴汤蹈火，作出了很大牺牲，付出了沉重的代价，到头来却没有赢得安宁的环境，生活上也没有太大的改善。这就使大批民众有些茫然，无所适从，不知到底该相信哪一派人的主张。政治舞台上好几个派别轮番执政，下了政治舞台又上了断头台，好似走马灯一般，总是处在动荡不宁之中。于是，民众的政治热情渐渐冷了下来，只盼望结束动荡，稳定下来，哪怕是出来一个铁腕人物，建起强力政权，也要首先使国家摆脱混乱。一句话，人心思定。

与此同时，法国在经济方面也很混乱。恐怖年代是一切都受法令限制。恐怖结束后资产阶级得到解脱，为牟取暴利而活动起来。但因政局不稳，又不敢轻易投资。结果，各种不正当的手段便盛行起来。行贿受贿、官商勾结、投机倒把等现象十分严重。吃苦的是普通百姓。由于物价飞涨，货币贬值，1796 年春，法国货币已贬到只相当于票面额的0.35%，接近于废纸了。政府被迫进行币制改革，经过一次失败后，于1797 年 3 月改行硬币制度，才使币值稳定下来。但是人们又因局势动荡而不敢轻易把硬币抛出。资产者不肯投资；那一年农业丰收，而农产品却卖不出好价钱；市场上的货物大量积压，整个社会出现通货紧缩、货币不足的现象。资产阶级在等待出现一个强有力的政府来稳定局势，以便形成良好的投资环境。

此外，1799 年英国又拉拢一些国家组成了第二次反法同盟，向法国攻来。这又使人们盼望有一位精明的统帅来领导法国抵抗外敌。

综上所述，法国最需要的是克服各方面的混乱现象，实现稳定。既然大革命以来那些执掌过政权的派别都先后倒台了，当政的热月党又驾驭不了局势，人们很自然地就把目光转向了军人。1799 年雾月政变后拿破仑上台，就是在这样的背景下实现的。绝大多数学者都主张，雾月政变是法国大革命结束的标志。

从近十年的大革命进程中，我们至少可以总结出以下一些结论。

第一，法国大革命充满了破旧立新的历史首创精神，全面深刻地改造了国家与社会。那个封建专制、等级森严、特权横行的法国消失了，取而代之的是个资本主义的新国家。

第二，革命在法国树立起一系列基本原则，包括经济自由、商业自由、私有财产不受侵犯、农民有了自己的土地等经济方面的制度，为生产力发展提供了便利条件；还包括政体变化、建立起议会政治、三权分立、民众选举等政治上的新体制，使法律成为至高无上的权力。

第三，革命中群众参与国家大事的精神大为发扬，一切革命发展中的重要关节，几乎都是由于群众武装起义或大的示威请愿运动而解决的。革命中有许多报纸创刊，揭露封建势力的破坏活动，评论议会决议和法令，赞扬或批评各派提出的各类主张，发扬了新闻自由、舆论监督的精神，这也是群众参与的一种表现。所有这些都体现了一种公民意识，这是过去历史上从未有过的事情。法国人民破天荒第一次把国家、民族的前途与自己的命运联系在一起。

第四，在抗击外来敌人的斗争中，法国人民比以往任何时候都更充分地发扬了爱国主义精神，组织义勇军，自备武器英勇杀敌，为保卫祖国和维护革命而流血牺牲，立下了丰功伟绩。

如此等等，还可以说出许多。仅就这几点而言，如果联系到本书第一节所述内容，就可以清楚地看出，这些正是启动现代化进程所必须具备的条件。商品经济、市场经济所要求的自由，以法律为标志的政治体制，人的精神觉醒和公民参与意识，都在大革命中奇迹般地创造出来了。

九

历史遗憾与惠济世人

法国大革命以其磅礴的气势震撼了欧洲，惊动了世界。但是，它也留下了历史的遗憾，对 19 世纪法国的发展产生了某些不利的影响，也给许多欧洲进步人士造成了某种不良印象。

第一，众多革命者具有与旧制度决裂的精神，这是值得赞扬的。但同时他们又产生了绝对化的倾向，这又是消极方面。革命中各个政治派别都是后来才形成的。开始时大家都忠于网球场誓言，为建立君主立宪制而奋斗。如果说派别的话，那全体都是君主立宪派。1791 年国王逃跑事件发生后，出现了共和派，与坚持君主立宪制的人有了分歧，不同派别开始形成。同时也出现了介于两派之间的主张，属于又一派人，比如罗伯斯庇尔等。他们不赞成实行共和制，但也反对保留路易十六的王位，提出在保留君主制的前提下更换国王。后来，在对待战争问题上罗伯斯庇尔等山岳派与布里索代表的吉伦特派意见分歧，激烈争论了几个月。在立法议会中不同派别的分野已很明朗了。到第二次共和运动兴起后，罗伯斯庇尔、丹东、马拉等极力鼓动群众，要用武装起义推翻君主制。而吉伦特派则主张通过议会斗争来废除君主制，建立共和国。再后来，派别更多，陆续又有了疯人派、埃贝尔派、丹东派，等等。所有各派原来都是反封建的革命派别，但因主张不同，设计的方案不同，就逐渐从政见分歧发展到尖锐对立。这时，绝对化的倾向起了作用。各派都坚持认为只有自己的主张是绝对正确的，其他各派的主张一无是处。他们不进行平等讨论，不肯耐心听取不同意见，而是"阴谋"的帽子满天飞，把对方说成是"阴谋家"，是"暴君""独裁者"，甚至说成是与封建暴君勾结的敌人，是被敌国收买的卖国贼。于是，革命队伍内部大搞内耗，随意把对方打成反革命。结果，在大革命期间总是一派单独掌权，不容许反对派存在，容不得不同意见，后来更走向极端，把对手送上断头台。

如果与17世纪的英国革命作个比较，就可以看出一个很大的差异。英国革命中出现了托利党和辉格党，同在国会之中，意见对立，但互相容纳，只有争论而决不去消灭对方。一方执政，另一方就是反对派。这就在政治活动中引入了竞争机制，既相互竞争，又互相监督，对发展革命和完善政策大有好处。法国革命却正好相反，无论哪一个掌权的派别，如果出现了失误，不但得不到提醒和纠正，反而变成一个把柄，被对立派别当成搞垮它的借口。

大革命中留下的这个陋习，一直到19世纪。1830年七月革命后金融贵族单独掌权，阻碍了工业资本主义的发展；1848年二月革命后，实力不足的共和派也单独掌权，弄得国无宁日，总是动荡不安，以致非要拿破仑三世搞独裁专制，才稳定下来。而且，凡是在更换不适应的政权时，都必须使用暴力，发动革命。动荡的政局使工业革命总是断断续续，不能顺利发展。反观英国，19世纪的一切社会矛盾几乎都是通过改革而平衡地缓解的，工业革命也顺利完成，成为19世纪中叶世界上最发达的国家。

第二，法国大革命中群众参与国家大事的现象非常突出，在世界历史上写下了光辉的一页。但是也时常出现失控的局面。失控的自发群众运动往往会造成破坏性后果。例如1792年9月2日至5日，正当各地义勇军开赴前线杀敌之时，巴黎突然流传起一种说法，即开赴前线之前首先应肃清后方。于是就有一批人逐个攻击各个监狱，冲击去之后就不加区分地杀死在押犯人。大批只犯下轻罪并与政治无关的犯人也被杀死。3天之内死在这批人手下的犯人达1500人。这就是给大革命抹黑的"九月大屠杀"。这种违反审判程序、无视法制的胡乱杀人的行为，在大革命历史上留下了抹不掉的污点。此外，还有些形式主义的甚至是可笑的举动，也是历史的教训。例如攻击教堂，把古代建筑，以及有着重要文物价值的教堂金属祭器和围墙铁栅栏强行拿走和拆除，去熔铸武器。又如，在废除贵族制度后，又规定连"先生""太太""小姐"等称呼也不准叫，一概只能称"公民"。还幼稚地将许多有着历史纪念意义的街区名称也取消，换成"山岳党""武装人""革命""红帽""自由"等"时髦"的名字。

第三，在恐怖年代里杀人过多，大批无辜的人含冤牺牲。那时，被处死的人数以万计。经由法定审判程序被处死者有四五万人，而未经审判，由群众杀死的人，竟也有三万人。

特派员卡里埃在南特任职期间，几次下令杀人。由于断头台要一个个地处死，速度慢，就把一大批人赶到一起，集体枪杀。还曾将几百人一起赶到河里全部淹死。热月政变后，人们把卡里埃称作"溺毙犯"。曾为革命立下大功的立宪派、吉伦特派的许多代表人物，包括布里素、维民奥等，都被送上了断头台。历史上著名的巾帼英雄、卓越的爱国者罗兰夫人，也被当作反革命分子在断头台上处死。她的丈夫、曾担任过内政部长的罗兰闻讯后，自杀而死。被恩格斯称为"伟大策略家"的丹东，因为反对胡乱杀人，身处险境。有好心人劝他逃走，而他作为坚定的爱国者却不肯脱离革命，他深情地回答说："走？我能把祖国放到鞋底下一起带走吗？"结果也上了断头台。至于前面说过的牧月法令后滥杀无辜的现象，就更加严重了。法国大革命中有一个现象很值得注意，那就是在革命后期的政治舞台上，已看不到革命开创者和奠基者那些人的身影。他们不是逃亡国外，就是被送上了断头台。只有隐晦政见、三缄其口的个别人才保住了性命，例如西哀耶斯。

第四，破坏信仰自由，随意大搞造神运动。法国自中世纪以来便是天主教国家，90%以上的居民信仰天主教。对绝大多数普通群众来说，这只是个宗教信仰问题，并不包含什么政治倾向。于是，在恐怖年代里却兴起了一个"非基督教化运动"，借口有些教士从事反革命行动而全盘否定普通人的宗教信仰，甚至对各地教会进行打、砸、抢，肆意破坏。百姓中坚持宗教信仰的都受到迫害。在巴黎，埃贝尔派竟然还搞起了"理性派"，把世界著名的巴黎圣母院改为"理性庙"，强迫人们去参拜。启蒙运动中宣传的理性，原本是以人的理性反对神的意旨，埃贝尔派却把理性"神"化了，还强制性地要人们去崇拜。后来，罗伯斯庇尔感到自己十分孤立时，也于1794年5月臆造出一个"最高主宰"，硬要人们去崇拜。这个"最高主宰"也不知是男是女、是老是少，百姓实难相信。而罗伯斯庇尔却武断地说，法国人民相信灵魂不灭和"最高主宰"存在，而且促使国民公会将牧月20日（6月8日）定为最高主宰节。那一天，罗伯斯庇尔手捧麦穗、鲜花走上巴黎的大道，后面是国民公会全体代表，以隆重的仪式来崇奉"最高主宰"。但是，旁观的群众反应十分冷淡，只当热闹来看。在国民公会代表的队伍中，则不时听到"独裁者""暴君"这类对罗伯斯庇尔的责骂声。

第五，腐败之风滋长，败坏革命的名声。在恐怖年代里，由于高度集权，使不少大权在握的人滋长了滥用权力的作风。尤其是一部分特派员，到了地方上就利用权力作威作福，收受贿赂，享受豪华生活，还蓄养情妇。后来成为热月党头面人物的塔里安，恐怖年代曾担任特派员，到波尔多去执行公务。他很快就与当地富商勾搭上，接受贿赂而成了暴发户。他将妖艳的卡芭露丝收为情妇。而卡芭雷丝原是西班牙一个银行家的女儿，不满16岁就嫁给了法国贵族丰特内侯爵。该侯爵在革命爆发后逃亡，卡芭露丝遂成为反革命家属，急忙宣布与侯爵离婚。恐怖年代里她以美丽的姿色而投靠塔里安。热月政变后塔里安一度十分得势，卡芭雷丝也不断干政，曾被当时人不无讽刺地称为"热月圣母"。由此可见当时腐败风气之盛。此外，像在普罗旺斯担任特派员的弗雷隆，曾以理性名义洗劫教堂，把教堂中的大量银器攫为己有。类似的情况还有很多。

　　上述种种都是法国大革命中出现的污点和消极现象。但是，瑕不掩瑜。法国大革命所创立的原则和迸发出来的破旧立新的精神，是它的主流，放射出永不磨灭的光辉。这次革命产生的影响之大、范围之广、时间之久，都是罕见的。它最大的功绩，就是为世界开辟了政治民主化的广阔大道。

　　19 世纪初，还在拿破仑战争尚未结束之时，被拿破仑占领的一些欧洲国家已开始仿效法国革命中的做法，建立革命团体，组织起来反抗法国占领军。西班牙就是个典型的例子。

　　1807 年拿破仑出兵占领西班牙，次年立兄长约瑟夫·波拿巴为西班牙国王。当年 5 月西班牙人民起义，开始了一场反对法国占领和反对封建制度的资产阶级革命。革命者反对的是法国占领军，但是在明确斗争目标和革命纲领时，却主要汲取了法国大革命的原则与经验。这明显地表现在制定宪法的过程中。1812 年西班牙议会制定了宪法，成为革命的纲领性文件。宪法按卢梭的人民主权学说，宣布国家最高权力属于国民；仿照法国 1791 年宪法，规定西班牙为君主立宪制国家，议会也与法国一样，为一院制。同时还借鉴法国八月法令和其他法令的内容，宣布废除内地税、什一税及若干封建特权。后来，革命于 1814 年失败。但 1820 年再次爆发资产阶级革命时，革命者仍以 1812 年宪法为斗争纲领。

　　不仅西班牙本土的革命以法国大革命为蓝本，西班牙在拉丁美洲的殖民地，在爆发革命和发动独立战争时，也深深地受到了法国大革命的影响。独立战争爆发前，在那里流传最广、影响最大的是卢梭的《社会契约论》和《人权与公民权宣言》，还有美国的《独立宣言》。拉丁美洲独立战争的先驱者以及主要领导人米兰达、伊达尔哥、玻利瓦尔、圣马丁等，都是受法国启蒙思想的熏陶而成为革命家的。米兰达直接参加了法国大革命，因在抗击外国武装干涉的战争中功勋卓著，被授予将军衔。后与玻利瓦尔一起回国，领导委内瑞拉的革命战争。玻利瓦尔是独立战争的主要领导人之一。他年轻时就崇信卢梭的人民主权学说，曾赴欧洲，到过法国，受到大革命的鼓舞。他在拉美独立战争中转战各地，从西班牙殖民者手中解放了大片领土，由他主持制定的委内瑞拉、哥伦比亚、玻利维亚等国的宪法，基本上都是以法国宪法为蓝本的。圣马丁是拉美独立战争中南部地区的主要领导人。他曾在西班牙读书，深受启蒙思想影响，1808 年直接参加了西班牙革命，得到了少校军衔。他是阿根廷民族英雄，也是解放智利和秘鲁的主要领导人。

在西班牙发生革命的同时，意大利南部的烧炭党也在进行革命活动。他们吸取法国革命中国民自卫军以红、白、蓝三色帽徽为标志的做法，自己也打出了蓝、红、黑三色旗，并以法国革命中自由、平等的原则作为自己的口号，于 1820 年发动起义，迫使那不勒斯国王让步，宣布制宪。在烧炭党坚持下，王子宣布，制定宪法将以西班牙 1812 年宪法为蓝本。而那部宪法完全是按法国大革命的原则制定的。随后，在北部撒丁王国首府都灵，烧炭党大学生起来斗争，1821 年3 月正式爆发革命。全国各地起而响应，都宣布以西班牙 1812 年宪法为纲领。法国大革命播下的火种，在伊比利亚半岛、亚平宁半岛燃起了熊熊烈火。

即使在农奴制度下的俄国，也受到法国大革命的影响。18 世纪后期，俄国女皇叶卡捷琳娜二世就与伏尔泰、孟德斯鸠、狄德罗有书信来往，自称"开明君主"，说与这几位启蒙大师是朋友。当然，她那时在很大程度上不过是沽名钓誉。但是，到了 19 世纪初，俄国却发生了 1825 年"十二月党人"起义。"十二月党人"是一批青年军官。他们受到俄国早期革命民主主义者拉吉舍夫、普希金等人思想的影响，又读了法国启蒙学者的著作，十分向往理性社会。后来拿破仑远征俄国失败，他们又随军远征，在西欧特别是法国，见到了那里的新政治氛围和公民的参与意识，大开眼界，因而更加感受到俄国农奴制度的黑暗腐朽。所以，他们回国后就组织秘密团体，决心废除农奴制，使国家摆脱愚昧落后状态。1825 年12 月，他们发动武装起义，但不幸遭到血腥镇压。但是，"十二月党人"起义毕竟是法国大革命的影响在俄国的一种表现。

还有一件重要的事情，那就是欧洲近代民族主义的兴起。这也是在法国大革命和拿破仑战争影响下成型的现象。曾有两个人被誉为"近代民族主义之父"。一位是启蒙思想家卢梭，他把共同意志、人民主权、社会契约当成同义语，含义是要由"民族"的全体成员参与和决定政治大事。另一位是德国思想家赫尔德，提出了文化民族主义思想，认为各民族都有自己的文化，健康的文明必定表现出民族性。他们二人的学说还不完整，只是近代民族主义的萌芽。

在法国大革命中，千千万万的法国人卷入革命旋涡，参与决定国家命运的政治斗争，形成了有共性的民族。在反抗外来武装干涉的斗争中，曾有人提出了法兰西人是"世界第一民族"的口号。拿破仑用战争方式把法国这种"民族国家"的形象传播到了欧洲各地。他的军事占领又激起和唤醒了各国的民族意识。于是民族主义最终成型，而且从一种思潮演变成一种运动。正是在反抗拿破仑的斗争中，德国哲学家费希特于 1808 年发表了《对德意志民族的演说》一书，强调作为民族的根本之处，就在于民族精神。他极力推崇德意志精神，反对崇拜和模仿法兰西文化和其他西欧文化，断言弘扬这一精神才是达到民族复兴的途径。费希特的这本书可说是近代民族主义诞生的标志。

民族主义包含了民族独立、民族自决、民族振兴、光大民族文化、继承与发扬民族优良传统、奋发民族精神等积极的因素，是政治民主化的重要组成部分。法国大革命所创立的原则与精神，拿破仑战争的扩张性，从正反两方面促成了近代民族主义的成型与发展。这里在民族主义之前加上"近代"二字，是因为当时新诞生的欧洲民族主义不仅强调民族独立性，反对外来侵略，而且明确主张进行反封建斗争，把民族复兴与振兴的希望寄托在发展民族工业和建立新政治制度之上。

法国大革命不仅对欧洲、美洲产生了巨大影响，而且对亚洲包括中国也有波及。不过，亚洲受到法国革命的影响要晚得多，大约在法国大革命爆发百年之后。这是因为法国大革命是一场反封建的资产阶级革命，而 18 世纪末亚洲绝大多数国家还盛行封建制度，并不具备接受法国革命精神的条件。只有在亚洲产生民族资本主义之后，有了进行反封建斗争的需要，才可能学习和吸收法国大革命的经验和原则。日本是亚洲各国中资本主义萌芽得到发展，最早走上反封建斗争道路并取得胜利的唯一国家。但它也是到明治维新前夕才接触到西方学说，将其称为"兰学"，因为是经荷兰人传播过来的。然而，兰学中多半还是自然科学，只有极少数先驱者受到了启蒙思想的影响，如福泽谕吉。他在1866年出版的《西洋事情》初篇中，根据天赋人权即人生而自由平等的学说，写出了"天不出人上之人，也不生人下之人"的文句。到19世纪70年代"自由民权"运动兴起之后，启蒙思想在日本的传播才广泛起来。卢梭的《社会契约论》《爱弥儿》《论人类不平等的起源和基础》等著作陆续被译成日文出版。但是，日本官方更喜欢从德国那里吸取经验，他们欣赏德意志帝国宪法中具有的专制主义色彩。

中国则更多地通过日本才较为具体地了解启蒙思想和法国大革命，那已是在19世纪末20世纪初的事了。倒是法国启蒙思想家中有些人对中国产生了极大兴趣，而且倍加赞扬。伏尔泰在《风俗论》一书中提出，欧洲人对中国"应该赞美、惭愧，尤其应该模仿"。到70岁时，他还写了《中国入门》一书。他不了解中国实情，不过他也指出，中华帝国两千多年来故步自封，以致在科学上落后于欧洲了。但他十分崇尚中国的伦理道德。孟德斯鸠也在著作中论述过中国。

鸦片战争后，中华民族的危机日趋严重。大批有志之士在探索救亡图存和振兴中华的途径。但是，即使是推动维新变法的那些人，虽然对西方学说和治国之道十分推崇，却对法国大革命颇为厌恶。他们认为法国革命过于激烈，杀人过多，为祸甚巨。康有为在《法兰西革命记》序言中就说，法国革命中"流血遍国中"，使千万之人"骨暴如莽，奔走流离，散逃异国，城市为墟"，搞得"革命之祸，遍及全欧，波及大地矣"。其他维新人士也多持这种观点，唯有谭嗣同盛赞法国大革命。他在《仁学》一书中写道："法人之政民主也，其言曰：'誓杀尽天下君主，使流血满地球，以泄万民之恨。'

……夫法人之学问，冠绝地球，故能唱民主之义，未为奇也。"后来，以孙中山为代表的革命派以法国大革命视为楷模，进步报刊辟出大量篇幅宣传和讴歌法国大革命，从日译本转译过来的卢梭的著作大量出版，广为流传。在进步报刊上发表文章称赞法国大革命的人日益增多。从他们使用的笔名中就可看出，他们最崇尚的是法国大革命奠立的那些自由、平等、人权的原则，以及卢梭的学说。例如曾出现这样一些笔名："卢骚（梭）之徒""卢梭魂""亚卢（亚洲卢梭）""平等阁主人""竟平""人权""民友""志革"，等等。当时流行的诗句中有这么一句："得听雄鸡三唱晓，我侬身在法兰西。"自比作"革命军中马前卒"的邹容，在其著作《革命军》中，就热情地歌颂法国大革命，说这次革命是"世界应乎天而顺乎人之革命，去腐败而存良善之革命，由野蛮而进文明之革命，除奴隶而为主人之革命"。这次革命"牺牲个人以利天下，牺牲贵族以利平民，使人人享其平等自由之幸福"。与邹容齐名的陈天华，在《猛回头》一书中也称颂法国大革命，尤其盛赞卢梭的《社会契约论》所起的启蒙作用，说法国人"闻了卢梭这一篇言语，如梦初醒，遂与国王争了起来。……前后数十年，终把那害民的国王贵族，除得干干净净，建设共和政府"。同盟会纲领为"驱除鞑虏、恢复中华、创建民国、平均地权"，即所谓"四纲"，而以"创建民国"为民权主义的核心。显然，这是从卢梭的人民主权论中吸取来的。孙中山在《民报》创刊纪念会上演说时就说："法兰西民主政体已经成立……中国革命之后，这种政体最为适宜。"

综上所述可以看出，法国大革命以自己的历史首创精神和所奠立的各项惠世济人的原则，使人们大开眼界，不仅震撼了欧洲、美洲和世界各地，而且在百年之后仍被进步人士当作福音。两百多年前发生在法国的一次革命，能够具有这么大的魅力，其影响长盛不衰，这在历史上是不多见的。当时和后世的人们如此看重法国大革命，最根本的原因就在于它留下的历史遗产既非常丰富，又光彩照人。它以成千上万人流血牺牲为代价的实践活动，使启蒙思想家的许多美好理想变成了现实，从而启迪人们：原来人是生而自由平等的；原来那些最尊贵的王权、神权、特权是荒谬的，可以反掉的；执政掌权的人是可以民选的；绝对君主制是可以变为议会民主制的；公民参与国家大事是人们的权利与义务；以法治国，立法为公，不谋私利是社会的应有之义；守土抗敌，众志成城，是为了国家与民族，而不是效忠朝廷；人们的思想、言论、出版、统社、集会都应是自由的；在法律面前一切人都是平等的……这一切，对当时的人来说，几乎都是开天辟地第一次，是祖祖辈辈想都不曾想过的。法国大革命开启了人们的智慧之门，实现了一次巨大的精神觉醒。当人们吸取并运用这一切时，政治民主化的历史大潮便涌腾翻滚起来，在19世纪已成为席卷全球的巨浪。所以列宁曾说，给予人类文明与文化的整个19世纪，都是在法国大革命的影响下度过的。

十

结束语

　　本书"写在前面的话"中引出了现代化这个课题。这是全人类共同的课题。在当今世界上，没有任何一个国家或地区能够避开现代化问题，否则就会脱离人类文明进步的潮流，成为地球上最落后的一隅。在这方面，我们中国是有过历史教训的。19世纪中叶，大致从50年代到70年代，西方大国正处在第一次工业革命完成、第二次工业革命开始之际，从人类文明演进的角度来看，则是由蒸汽时代向电气时代转变，生产力大发展，社会大进步，现代意义的经济模式和政治模式开始形成。而在我们中国，太平天国的领袖们正忙于南征北战，建立天国，封王定爵，修造王宫，在反法的同时还大起内讧。清朝统治者则处心积虑进行镇压，内部又争权夺势，西太后得以执掌朝政。这种太平天国加上西太后的政权，与当时人类文明的演进和世界历史的主潮流全然脱节。在大约100年后的20世纪中叶，发达国家正开始第三次科技革命，由电气时代跨入信息时代，知识爆炸，科技腾

98

飞，现代化进程迈进了一个全新的阶段，发展之快，令人瞠目结舌，而我们中国却在大搞"无产阶级文化大革命"，"四人帮"肆虐无道，十年动乱将国民经济破坏到了崩溃的边缘，完全背离了世界潮流。这两个世纪所呈现出的中外对比上的强烈反差，应该是我们非常沉痛的历史教训。它告诫我们，今后中国人一定要着眼于文明的进步，努力跟上世界前进的主潮流，倾尽全力去推进现代化的进程。在经济全球化趋势已不可逆转的今天，现代化程度实际上已成为衡量先进与落后的根本尺度。这是客观存在，不以人的意志为转移。

司马迁修《史记》时，曾提出了"述往事，思来者"的说法，十分看重历史对后世的启迪作用。这种对待历史的态度是我们应该继承和发扬的。本书就是据此立意的，希望从读史之中得到启发，更懂得从事现代化建设的意义，并为此奉献自己的力量。

从现代化的含义来看，其实它是逐渐丰富起来的。人们的认识越提高，知识的积累越多，对现代化应包含的内容也就越明确。但是，不管现代化包含多少必需的内容，其中最根本的还是经济上的工业化和政治上的民主化。其余的各种"化"，实际上都是从这两"化"的演进中逐步衍生出来的。例如工业化造成了环境污染，才使人们明白，应该把环保化纳入现代化必要的内容之中。这是个渐进的过程，也是文明演进的过程。

在汉语中，"化"字可作为后缀，加在名词或形容词之后，表示转变成某种性质或状态，像"绿化""美化""机械化"等。工业化也是这个意思。虽然在手工工场时代工业就已得到不小的发展，但是它依靠手工劳动，能量不够，还没有力量把国民经济（包括农业）全面地"化"过来。只有工业革命后的机器大工业才具有了这种能量，将工业化提上历史日程，从而将现代化过程大大推进了。而工业革命源起于英国，而且它带动了世界各地的工业革命，是历史上工业化的带路人、领头羊。

政治民主化也是这个道理。在法国大革命之前，有过 16 世纪的尼德兰革命和 17 世纪的英国革命。尼德兰革命发生在一个弹丸之地的小国，未能产生巨大的国际影响。英国革命具有世界意义，但是影响也受到了制约。英国是岛国，发生革命时欧洲大陆各主要国家正在打一场国际战争，即三十年战争（1618—1648），无暇他顾。同时，英国革命最激烈的斗争是两次内战，由国会军和国王军在战场上决定胜负，没有像法国民众武装起义那样令其他君主国担忧。另外，英国革命的最后结局是确立了君主立宪制，贵族制度也保留下来，似乎使各国君主并没有产生什么恐惧。最后，英国革命在表面上打着清教的旗号，被一些人称为"清教徒的革命"，没有明确提出"民主、自由、平等"之类的口号。这对各国封建君主触动不大，使他们感受不到什么危险。因此，真正使欧洲受到巨大震撼的，是法国大革命。法国革命者和广大群众与旧制度决裂的精神，革命行动的激烈程度，群众参与之广泛，所提各种政治口号之明确，革命团体与新办报刊之众多与活跃，在全欧洲和全世界都是空前的。它敲响了封建制度的丧钟。不久，它又在反抗外来干涉军的战争中表现了英雄气概和民族主义的凝聚力，更使世人瞩目。法国启蒙思想家那些极其丰硕的精神论者，革命中发布的数以百计的宣言、法令、决议以及 1791 年、1793 年、1795 年的宪法，其寓意之深刻，内容之广泛，哲理之精微，是任何别国的革命都无法比拟的。所谓政治民主化，最根本的含义就是尊重民意。在这一点上，从来没有人达到卢梭所述人民主权学说那样的高度。法国大革命用公民参与、议会制度、三权分立、民主选举、新闻监督等实践活动，在相当程度上把卢梭的学说变成了现实、法律与制度。这就为政治民主化树立了一种样板与模式。后来，如前文所述，欧美各国以及若干年之后的亚洲人民，都在以它为楷模，争取民主和民族解放。把法国大革命比作政治民主化的带路人和领头羊，是恰如其分的。今天，所有为现代化事业而奋斗的人们，都应该感谢英国工业革命和法国大革命。